DİKİŞ KAFA

DİKİŞ KAFA

Orijinal Adı: Stitch Head
Yazarı: Guy Bass
İllüstratör: Pete Williamson
Genel Yayın Yönetmeni: Meltem Erkmen
Çeviri: Duygu Filiz İlhanlı
Editör: Selin Ceylan
Düzenleme: Gülen Işık
Kapak Uygulama: Berna Özbek Keleş

2. Baskı: Ekim 2016

ISBN: 978 9944 82-991-5

YAYINEVİ SERTİFİKA NO: 12280

metin © Guy Bass, 2012
illüstrasyon © Pete Williamson, 2012

Türkçe Yayım Hakkı: Akcalı Ajans aracılığı ile
© Epsilon Yayıncılık Hizmetleri Tic. San. Ltd. Şti.

Baskı ve Cilt: Mimoza Matbaacılık
Davutpaşa Cad. No: 123 Kat: 1-3 Topkapı-İst
Tel: (0212) 482 99 10 (pbx)
Fax: (0212) 482 99 78
Sertifika No: 33198

Yayımlayan:
Epsilon Yayıncılık Hizmetleri Tic. San. Ltd. Şti.
Osmanlı Sk. Osmanlı İş Merkezi 18/ 4-5 Taksim-İstanbul
Tel: (0212) 252 38 21 Faks: 252 63 98
İnternet adresi: www.epsilonyayinevi.com
e-mail: epsilon@epsilonyayinevi.com

DİKİŞ KAFA

Guy Bass

Çeviri
Duygu Filiz İlhanlı

Ruth'a
- GUY BASS

Cath ve Leni'ye
- PETE WILLIAMSON

DİKİŞ KAFA

Guy Bass

İllüstrasyon
Pete Williamson

UYARI ÖNSÖZÜ

(Aşağıdaki dizeler ninenden daha eski kafalı biri tarafından uzun bir süre önce yazıldı)

Tommy Trump bir tepede,
Onu hasta eden bir şey kokladı.
Grotteskew'un duvarları ardında
Bir tuvalet bulmak için elinden geleni yaptı.
Kapılardan içeri girdi Tommy,
Ve orada korkunç kaderiyle tanıştı.
Bu yüzden eğer bir koku alırsan
Koş doğruca eve, Grubbers Nubbin'e!

GİRİŞ

UCUBELERDEN OLUŞAN DAHA İYİ BİR SINIF

(canavarlar, yaratıklar ve çılgın şeyler)

Her şeyin değiştiği geceydi. Sirk, Grubbers Nubbin'e gelmişti. Ya da –

**FULBERT
UCUBEBULUCU'NUN
DOĞAL OLMAYAN MUCİZELER
KARNAVALI
DAHA ÖNCE HİÇ GÖRÜLMEMİŞ
AKIL SIR ERMEZ TUHAFLIKLAR
DÜNYASINA
YAPILAN EN KORKUTUCU YOLCULUK**

- Grubbers Nubbin'e gelmişti.

"Toplanın! Toplanın, yakına gelin Chuggers Nubbin'in cesur yürekleri! Akıllara durgunluk veren, midenizi allak bullak eden, pantolon pisleten, dünyanın gelmiş geçmiş en korkutucu şovunu izleyin! Kapalı gişe oynayan dünya turumuzdan bir seçki!" diye bağırdı şişko Fulbert Ucubebulucu, çamur içinde kalan at arabasında. Etraftan geçen herkese şovunun posterlerini dağıtıyordu. Perdeleri sıkı sıkıya kapalı, üç at arabası ise ana caddedeki ışıklı arnavut kaldırımda tekerleklerini tıngırdatarak onu takip ediyordu.

"Şu örtülerin ardına gizlenmiş akıl sır ermeyen yaratıklara göz atmaya cesaretiniz var mı? Bu canavarlara bakabilmek için cesarete ihtiyacınız olacak! Çığlıklar atacaksınız! Soluğunuz kesilecek! Donunuzu ıslatacaksınız! Bakın... ve korkun!"

Kalabalığın at arabalarını çevrelemesiyle Ucubebulucu arnavut kaldırımlı yola indi. Ağırlığı karşısında ezilecek gibi görünen sopayı andıran ince bacaklarıyla şaşırtıcı derecede kısa ve şişkoydu. Eski püskü silindir bir şapka ile uzun zaman önce müthiş göründüğü izlenimini veren kuyruklu bir ceket giyiyordu. İlk sıradaki at arabasının perdesini çekerken kötücül bir şekilde sırıttı. Araba diye sözünü ettiğimiz şey bir kafesti ve içindeyse…

"Huzurlarınızda… İnsan Düğümü, *Bükük Doktor*! Vücudunu inanılmaz şekilde kıvırırken hayranlıkla onu izleyin!" diye bağırdı Ucubebulucu, ayağını kafasının arkasına götürmeye çalışan uzun boylu, yorgun bir adamı işaret ederek.

"Sersem bacak… bükül!" diye homurdandı Bükük Doktor. "Herkes… izliyor!"

"Devam et…" diye homurdandı Ucubebulucu başını sallarken. "*Madam Bıyık,* yüzünü tarayan kadın huzurlarınızda, pantolonlarınızı sıkı tutun!" Ucubebulucu ikinci perdeyi çekti. İçeride, çenesine at kuyruğu yapıştırılmış iri kıyım, yaşlı bir kadın duruyordu.

"En azından faturaları ödeyebiliyorum," dedi Madam Bıyık.

"Ve tabii *Başaşağı İkizler*'in dünyanızı alt üst etmesine hazır olun!" Üçüncü kafeste, amuda kalkmakta zorlanan ufak tefek, büzüşmüş bir adam vardı.

"İşte kramp giriyor…!" dedi adamlar hep bir ağızdan ve hemen devrildiler.

"Ah, acımasız, acımasız doğa! Daha da yaklaşın, bünyeniz kaldırabilirse tabii! Sakın ayakkabılarıma kusmayın ha! İzlemek bedava!" diye bağırdı Ucubebulucu.

Kimse yaklaşmadı.

Görünürde ne çığlık atan ne de korkudan nefesi kesilen birileri vardı. Kimse gözünü kırpmamıştı bile. Çok geçmeden kalabalık işinin başına döndü.

Koca gözlü, pasaklı bir kızın dışında… kız kıkırdamaya başlamıştı.

"Ucubelerin hiç de korkutucu değil," diye kıkırdadı. "Çünkü ucube bile değiller!"

"Ah, şansı yaver gitmeyen birine gülmek hoşuna gidiyor ha? Devam et, dök içini seni küçük küstah,

ikizleri üzerine saldığımda ne yapacaksın bakalım," diye tersledi onu Ucubebulucu. "Her şeyi mahvet! Ne önemi var ki? Her kasabada aynı şey oluyor – korkan kişi sayısı bir elin beş parmağını geçmiyor bile. Bugünlerde insanları korkutmak için ne yapmak gerekiyor? Sana ne olduğunu söyleyeyim – kendime daha iyi bir ucube sınıfı bulmam gerek."

"Üzgünüm patron," dedi Bükük Doktor, şimdi de ayağını çenesine değdirmeye çalışıyordu. "Elimizden geleni yapıyoruz."

"Elinizden hayal kırıklığından başka bir şey gelmiyor Maurice," diye homurdandı Ucubebulucu. "Gerçek şu ki insanları korkutmak artık hiç kolay değil. Pekâlâ, pes etmiyorum! Hayatım boyunca korku-şovu işindeydim, bu saatten sonra her şeyi bir kenara bırakacak değilim!"

"Bizi zaten korkutamayacaktın," dedi kız, bulunduğu yerden ayrılmamıştı. "Burası Grubbers Nubbin. Bu insanların korkacağı bir sürü şey var zaten."

"Söyledikleri doğru mu? Tanrı aşkına söyle, bu kadar korktukları şey nedir?" diye sordu Ucubebulucu.

Aniden korkunç, kan donduran, mide bulandıran bir "Hırrrrr!" sesi yayıldı. Kasaba halkı çığlık çığlığa bağırdı ve etrafa dağılmalarının ardından evlerine girip kapılarını kapattılar.

"O," dedi kız, karanlığı işaret ederek. Gökyüzü gök gürültüsü ve şimşekle aydınlandı. Devasa büyüklükte bir şato uzakta, bir tepede bulunuyordu. Ucubebulucu baştan aşağı ürperdi. Hemen ardından şatodan tüyler ürperten başka bir ses daha duyuldu.

"Hay bin kunduz, o da nedir?" diye sordu Ucubebulucu.

"*Canavarlar*," diye fısıldadı kız, koyu renk gözleri ay ışığında boncuk gibi parlıyordu.

"Canavarlar mı? Ne canavarı? Ne geveliyorsun ağzında?" diye sordu Ucubebulucu.

"Halkın anlattıklarına bakılırsa şato onlarla dolu. Kükreme ve çığlık sesleri duyuyoruz… ve kimisi, şato duvarlarında *bir şeyler* gördüğünden bahsediyor. İnsan olarak nitelendiremeyeceğiniz şeyler," diye ekledi kız. "Kasaba halkının adeta *kanı don-*

muş... ama benim değil. Ben *hiçbir şeyden* korkmam."

Yakınlardaki bir evden çıkıp kızı tutan yaşlı bir hanım, "Arabella! Hemen içeri gir!" diye bağırdı.

"Bekle! Küçük küstah! Demek istediğim küçük kız! Orası neresi? Orada kim yaşıyor?" diye bağırdı Ucubebulucu.

"Orası Grotteskew Şatosu! Çılgın Profesör Erasmus'un evi!" diye bağırdı kız, içeri sürüklenirken. "*Canavarlar* yapıyor o! *Yaratıklar! Çılgın şeyler!*"

"Öyle mi?" diye mırıldandı Ucubebulucu... ve şeytani bir gülümseme bir hastalık gibi tüm yüzüne yayıldı.

BİRİNCİ BÖLÜM

GROTTESKEW ŞATOSUNDA HAYAT
(ya da onun gibi bir şey)

Lucy, Lucy, iyi ve doğru,
Grotteskew Şatosu'na gitti.
İçeride ne olduğunu görebilirim sandı,
Ama belasını aradı, Lucy öldü.
Can vermeden önce şöyle dedi,
"Canavarlar! Yaratıklar! Gidin buradan!"

F*ulbert Ucubebulucu'nun Doğal Olmayan Mucizeler Karnavalı*'nın Grubbers Nubbin yönüne tekerlek sürmesinden yaklaşık on sekiz dakika önce Çılgın Profesör Erasmus, laboratuvarında en son deneyi üzerinde çalışıyordu.

Çılgın Profesör Erasmus, profesörlerin en çılgını olarak biliniyordu. Gecesini gündüzünü laboratuvarda, akıllara durgunluk verecek tuhaf yaratıklara hayat vererek (ya da onun gibi bir şey) geçiriyordu: buharlı kafatasları, köpek suratlı kediler, kafasız atlar, et yiyen sandalyeler, kurbağa çocuklar – bunun gibi şeyler.

"Yaşa… Yaşa! Ah- ha – HA – HA! Sen benim en harika eserim olacaksın! Bu sefer başaracağım!"

Profesör yarattığı her yeni eserin bir öncekinden daha harika olacağını düşünürdü. Bir sonraki gelinceye dek bu böyle devam ederdi. Yeni bir yaratığa hayat verdikten çok kısa bir süre sonra ilgisini yitirir, bir sonraki acayip projesi üzerinde çalışmaya başlardı.

"Daha çok güç! Yaşa diyorum!" diye çığlık attı, kolları çekip iksirleri düzenlerken.

Yukarıdaki kirişlerde, karanlığa gizlenmiş minik bir beden, yeni bir yaratığa can veren profesörü izliyordu.

Karanlıktaki beden Dikiş Kafa'ydı.

Dikiş Kafa profesörün ilk icadıydı. Tuhaf bir görünümü vardı– insana benziyordu, ancak profesörün zorlukla bir araya getirdiği parçalardan oluşan bu yaratık orta boy bir maymundan daha büyük değildi. Dikişler kel, yuvarlak kafasını çevreliyordu, gözleri ise birbirinden farklı renkteydi: sağ gözü zeytin karası, diğer eşine göre daha büyük olan sol gözü ise buz mavisiydi. Bu göz kesinlikle görülmeye değerdi. Şatonun en karanlık köşesinde bile parlıyordu.

"Evet, evet! Şimdi pişiriyoruz! *Daha fazla güç! Daha fazla!* Şimdi biraz daha az… şimdi *daha fazla! Daha fazla! DAHA FAZLA! Yaşa!*" Profesör tekrar çığlık attı.

Yıllar içinde Dikiş Kafa profesörün düzinelerce eserinin "doğumu"na tanık olmuştu. Ve dünyaya gelen her bir yaratıkla kendisinin bir zamanlar profesörün gözünde ne denli önemli olduğunu hatırlıyordu. Arkadaşlıklarının sonsuza dek devam edeceğine dair birbirine söz verdiklerini de.

Ama bu epeyce uzun zaman önceydi. Dikiş Kafa artık çoktan unutulmuştu. Bu yeni canavarın devasa tek gözünü ilk kez açışını izlerken iç çekti.

"Başardım! Elimdeki bu şeye resmen hayat verdim. Yeniden! Sen benim *EN HARİKA ESERİMSİN! HEY - AHAHAHA – HAHAHAA!*" diye kıkırdadı profesör.

İtiraf etmek gerekirse Dikiş Kafa bu yaratığın oldukça etkileyici olduğunu düşünüyordu — profesörün bugüne kadar yarattıkları arasında en görkemli ve büyük olanıydı. Dahası iğrençlik ve canavarlık açısından neredeyse mükemmele yakındı. Yaratık hareket etmesini engelleyen sert deri kayışları çekerek devasa büyüklükteki iki kolunu esnetti – ve efendisi zafer sarhoşluğuyla çığlık çığlığa bağırdığı sırada göğsünden fırlayan üçüncü, küçük kolunu kıpırdattı. Dikiş Kafa başını eğip orantısız ellerine baktı. Kendisini hiç olmadığı kadar üzgün ve unutulmuş hissediyordu.

"*HIIIRRRRRRR!*"

Dikiş Kafa, Yaratık'ın büyük kollarını gererek etrafta gezinmeye başlayışını izledi.

"Neler oluyor...?" diye fısıldadı, Yaratık'ın büyümesini dehşet dolu gözlerle izlerken. Saniyeler içerisinde iki katı büyüklüğe ulaşmıştı. Kalın bir kürkün görünmesiyle dev vücudu daha da büyüdü, ta ki bir kükremeyle kendisini serbest bırakıp ameliyat masasından atlayıncaya dek.

"Ah *olamaz*," dedi Dikiş Kafa soluk soluğa, omuzlarına attığı küçük çantasının askılarını sıkarak. Laboratuvarı kendisine esir eden gökyüzüne baktı —dolunay gökyüzünde ışıldıyordu. "Olamaz! *Ay*!"

"**HIRRRR!**" diye gürledi Yaratık! Çılgınca salladığı kollarıyla ameliyat masasını paramparça etti ve profesörü iterek onun beyinlerin bulunduğu bir dolaba çarpmasına neden oldu.

"Efendim!" diye fısıldadı Dikiş Kafa, dolap profesörün üzerine yıkılırken.

Yaratık, ağır adımlarla laboratuvarın kalın ahşap kapısına doğru yürüdü. Tek bir hamleyle kilitle-

ri, cıvataları ve dört santim kalınlığındaki sağlam meşeyi parçaladı. Sonra yeniden kükredi ve koridor labirentte gözden kayboldu.

"Ne büyük bir buluş! Şu ana dek yaptıklarımın en iyisi. Ah – HAHAHA!" Beyinlerin bulunduğu dolabın altından bir çığlık yükseldi.

Profesörün ortaya çıkmasıyla Dikiş Kafa rahatlamışçasına derin bir iç çekti. Profesör üzerindeki tozu silkeledi ve saçındaki birkaç parça beyni temizledi.

"Yaratık? Yaratık! Efendine geri dön, sana emrediyorum!" diye seslendi profesör.

Ama Yaratık dönmedi.

"Şatodan çıkmasını engellemeliyim," diye mırıldandı Dikiş Kafa, gözleri korkuyla kocaman açılmıştı.

Kıvrak bir şekilde kirişleri tırmanıp geniş bir kapıdan geçerek dönen merdivenlerden aşağıya indi.

"Ah peki – haydan gelen huya gider!" dedi profesör, yerdeki beyinleri inceleyerek. Bir tanesini kaldırdı ve iyice kokladı. "Ah – HAHA! İşte bu, tam da bir sonraki deneyime göre!"

İKİNCİ BÖLÜM

KURTADAM ÖZÜTÜ
(Dikiş Kafa ve Yaratık' Karşı)

ÇILGINLIĞA GİDEN YOL
Grafik Çizimi
Profesör Erasmus Erasmus'un olağanüstü
ve son derece çılgın
araştırmasından

Daha fazla!
Daha fazla!

Neden?

Araştırmaya devam et Sakin keyfi kaçmış "canavar cinneti" kaçık üşütük

"HIRRRRRRR!"

Dikiş Kafa, neredeyse dikişlerinin atmasına neden olacak müthiş bir panik duygusuyla hızla şatoda koştu. Artık iyice emin olmuştu —profesör deneylerinde yeniden Kurtadam Özütü'nü kullanmaya başlamıştı. İşte bu yüzden dolunayla birlikte Yaratık çıldırmıştı.

Bir çıkış yolu arıyor... diye düşündü. *Eğer kasabaya varırsa...*

Çaresizlik içinde attığı her adımda Dikiş Kafa, profesörün dünyaya getirdiği bu yaratığın Grubbers Nubbin'i mahvedişini, onca insanı çiğneyişini, ezişini ya da yiyişini gözünde canlandırıyordu. Böyle bir şeyin gerçekleşmesi durumunda kasaba halkının *intikam* için harekete geçmesi an meselesi olurdu. Sadece Yaratık değil, *profesör* de hedef alınırdı. İnsanlar onlar için gelirdi. Şatoyu ve içindeki —efendileri dahil— her şeyi mahvederlerdi... Dikiş Kafa da en çok bundan korkuyordu.

Çantasının altını üstüne getirdi. İçinden küçük yeşil bir şişe çıkardı. Şişe etiketinin üzerindeki tozu sildi.

KURT KOVUCU

Tedavi edici iksir

Ani ve/ya da kalıcı
Kurtadamlığın tedavisi
için

Yatmadan önce
iki damlacık

Umarım yeterli olur… diye düşündü Dikiş Kafa, Yaratık'ın kükremelerini takip ederek örümcek ağı kaplı koridorda ilerliyordu. Profesörün kaderi bir kez daha onun o minik, titreyen ellerindeydi. Efendisinin birbirinden çılgın canavarlarının peşinden kaç defa koşturmuştu? Düzinelerce yoksa yüzlerce kez miydi? Yıllar önce sayısını unutmuştu.

Çok geçmeden Dikiş Kafa, Yaratık'ın kaçmaya çalışırken çıkardığı o sesleri duydu.

GÜM!
GÜM!
GÜM!

"Bahçede… Büyük Kapı'yı kırmaya çalışıyor," diye mırıldandı Dikiş Kafa, köşeyi dönüp ana koridorda hızla koşarken. En uçtaki duvarda koca yaratığın cüssesine benzeyen bir delik açılmıştı. Dikiş

Kafa endişeyle buraya yaklaşıp kafasını dışarı uzattı. Bahçe, ay ışığında parlıyordu.

Dikiş Kafa dışarıda olmaktan *nefret ederdi*. Gökyüzünü kaplayan binlerce yıldızdan her biri, ona ne kadar küçük ve değersiz olduğunu hatırlatıyordu. Şatoda zindanın derinliklerinde bulunan evininin kendisine sağladığı o "rahat"ı her şeye tercih ederdi. Çünkü orada, karanlık zindandayken unutulmuş olduğu gerçeği neredeyse aklından siliniyordu.

Ama bu gece her şeyin değiştiği bir gece olacaktı.

"Hadi, bunu yapabilirsin… *söz verdin*," diye fısıldadı Dikiş Kafa. Derin bir nefes aldı ve bahçeye adım attı.

İşte Yaratık oradaydı. Ay ışığının altında onun büyük koluyla (ve küçük olanıyla) dış dünyaya açılan Büyük Kapı'ya vurduğunu görüyordu.

"HIRRRRR!"

Dikiş Kafa yaklaştıkça Yaratık'ın ne kadar büyük olduğunun farkına vardı – tek bir burun deliğiyle uygulayabileyeceği güç, onun sahip olduğundan çok daha fazlaydı. Büyük Kapı yumrukları altında parçalanmaya başlamıştı bile. Yaratık her an serbest kalabilirdi.

Dikiş Kafa hızla Yaratık'ın bacaklarına doğru ilerledi. Elinde sıkıca tuttuğu Kurt Kovucu şişesiyle, Yaratık'ın ayağına yapıştı, killi iki ağaç gövdesine benzeyen kalın bacaklarını tırmandı, oradan da kafasına geçti. Yaratık'ın uzun kulaklarından birini sıkıca kavradı.

"HIIIRRRRR!" diye haykırdı Yaratık, kafasını ıslanmış bir köpek gibi sallayarak. Dikiş Kafa yerinde zıpladı! Uzandı ve çılgın gibi kükreyen Yaratık'ın azı dişlerinden birine tutundu.

"Aaahhhhhhhh! Lü-lütfen, dur!" diye çığlık attı Dikiş Kafa Yaratık'a tutunarak. Dikişlerinin gevşeyebileceğini hissetti, kim bilir belki de doğrudan atabilirlerdi. Çabucak şişenin tıpasını ısırdı.

"Açıl şişe..." diye fısıldadı ve şişeyi Yaratık'ın kükremekte olan ağzına boşalttı. Dikiş Kafa çok

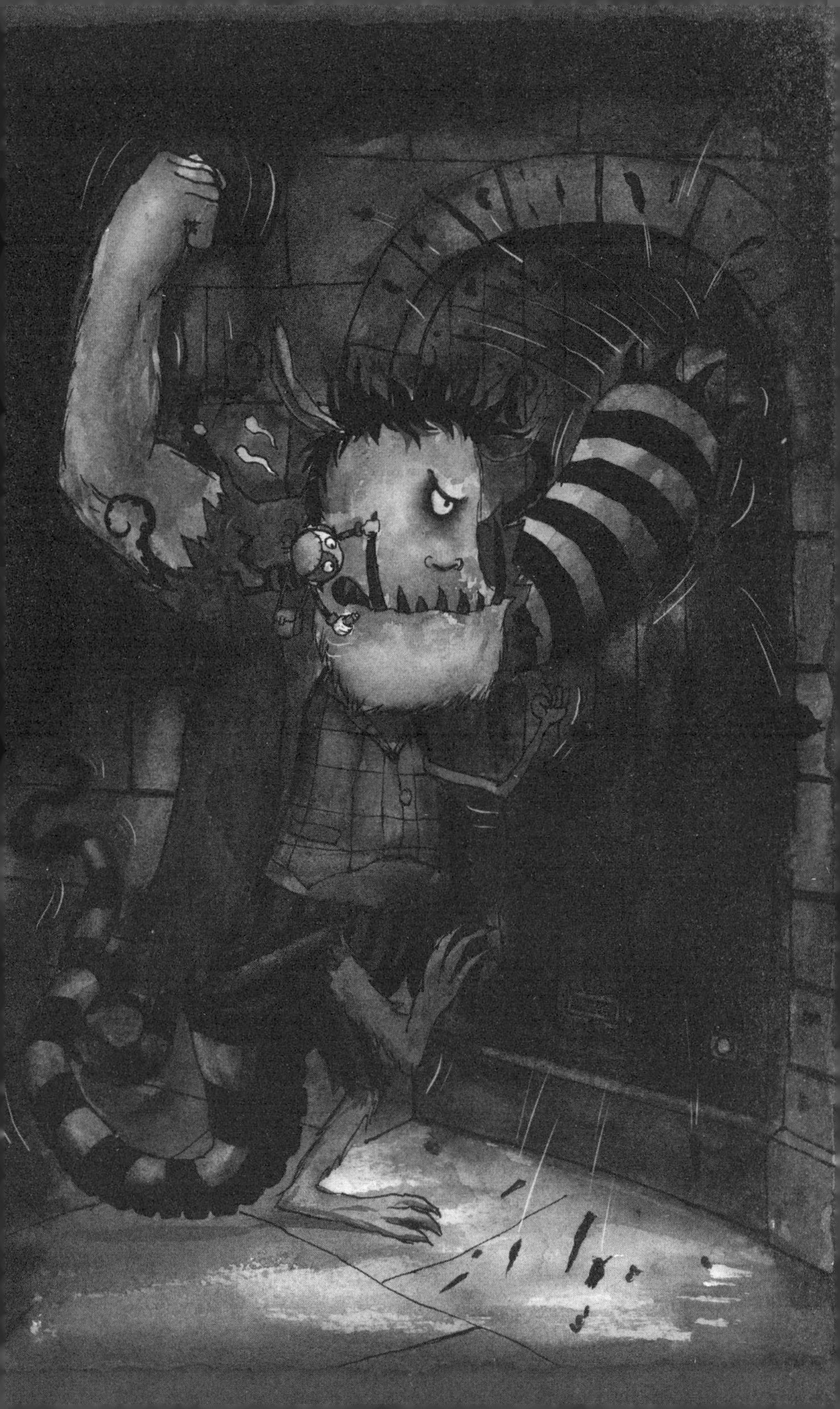

geçmeden dengesini kaybetti, artık tutunamıyordu. En sonunda bahçeye — yüz üstü duvara— düştü.

ÜÇÜNCÜ BÖLÜM

TAMAMEN DELİRMİŞ CANAVARA ÖZGÜ ÖFKE YARATMA KARIŞIMI KUDURMA

(Bu sırayı takip edin)

GERÇEK ANLAMDA CANAVAR YARATMAK İÇİN GEREKLİ MALZEMELER

3 parça insan, 2 parça "diğerleri",
16 litrelik yaşam sınıfı Yetiştirme Tutkalı,
Litrenin dörtte biri oranında Gaddarlık ve 2 adet dokuz litrelik toprak,
1 adet dokuz litrelik rüzgâr, 2 adet dokuz litrelik ateş, 1 kupa dolusu Vampir teri,
1 tepeleme çay kaşığı Kurtadam Özütü,
4 damla Zombie Esansı, 1 dal Güzel Avrat Otu,
Otlar ve baharatlar
(ve sadece bir tutam İmkânsızlık)

Tüm malzemeleri topladıktan sonra, talimatlarlar gereğince doğru oranlarda bir araya getirin. Pişene dek elektrik verin.

Dikkatli Olun!

Dikiş Kafa, yıllardır profesörün eserlerini "iyileştiriyordu". Efendisi *akla gelmeyen* malzemeler kullanmaya başladığı günden bu yana Dikiş Kafa yaratıkların en gaddar yönlerini etkisiz hale getirmek için çeşitli iksirler hazırlıyordu. Rahatlatıcı iksir ya da yatıştırıcı tonik, yaratıkların şatodan kaçıp Grubbers Nubbin'de kargaşa yaratmalarına engel oluyordu. Dikiş Kafa efendisini güvende tutmak için kendi canından vazgeçmeye alışmıştı.

Efendisi sonsuza dek arkadaş kalacaklarına dair verdiği sözü unutmuş olsa da, Dikiş Kafa unutmamıştı. Hepsi günlük işinin bir parçasıydı.

Ancak hayatında ilk kez bayılmıştı.

"Ahhhh…" diye homurdandı, dikişlerinin yerinde olup olmadığından emin olmak üzere elini kafasına götürdüğünde.

Hâlâ tek parça olduğunu fark eden Dikiş Kafa gözlerini açtı. Tek gözlü Yaratık ona bakıyordu.

"AAAH!" diye dehşetle çığlık attı Dikiş Kafa. Karşısındaki onu yiyecek miydi?

"AAAH!" diye çığlık attı Yaratık, profesörün devasa heykelinin arkasına gizlenerek. Orada öylece

durdu. Öylesine şiddetle titriyordu ki
şatonun duvarları sallanmaya
başlamıştı.

"LÜTFEN beni YEME!" diye çığlık attı Yaratık, önceki halinden çok daha küçük görünüyordu. Sesi ise kulağa bir kurtadamdan beklenmeyecek şekilde tiz geliyordu.

"Seni…. yemek mi?" diye fısıldadı Dikiş Kafa. "Hayır, ben asla… ben böyle bir şeyi yapmam – yapamam…"

"Gerçekten mi? HARİKA!" diye haykırdı Yaratık. Gizlendiği yerden, heykelin arkasından çıktı. Yeri titreten, ağır adımlarıyla Dikiş Kafa'ya doğru ilerledi. Başını eğdi, iki yaratık artık yüz yüze bakıyordu. Dikiş Kafa gözlerini kapadı ve sonunu bekledi…

"GERÇEKTEN tuhaf," diye devam etti Yaratık, iki dişinin arasına sıkıştırdığı minik Kurt Kovucu şişesini çekerek. "Bir an için gördüğüm her şeyi vahşice öldürmek istedim ancak sonra kendimi "Ağzımdaki bu garip tat da ne?" diye düşünürken buldum. Hemen ardından "HARİKA! BİR ŞATO! Daha önce hiç şatoda bulunmamıştım!" düşüncesi aklımdan geçti. İşte o anda da "Daha önce HİÇBİR YERDE bulunmadım ki," dedim. Sonrasında ise "Arılar ve eşek arıları aynı şey mi?" diye söylendiğimi hatırlıyorum. "Bulutların tadı acaba nasıl?" sorusu bunu takip ediyor. Bunca şeyin ardından sen uyanıp çığlık atmaya başlayınca ben de "AAHH! BİR CANAVAR!" diye düşündüm."

"Hımmm, şey- Gerçekten gitmem gerek," diye mırıldandı Dikiş Kafa. Karanlığa dönmeden önce başını eğdi, parmaklarını dikişlerinde dolaştırıp "Lütfen unutma… dolunaydan uzak dur!" diye uyarıda bulundu.

"Dolunay – mesaj alınmıştır, tamam! Bu arada canavarlara özgü çılgın tavrım için özür dilerim!" diye haykırdı Yaratık. "Yemin ederim böyle bir şey daha önce hiç başıma gelmemişti. Yani en azından öyledir diye umuyorum. Son sekiz dakika dışında hiçbir şey hatırlayamıyorum… Ben neredeyim? Burası neresi? Balıklar hapşırır mı? Ve neden her bir parçam olması gereken yerde değilmiş gibi hissediyorum?" İki koluyla kafasına vurdu ve göbeğini kaşıdı. Ardından eğildi, ta ki Dikiş Kafa ile burun, gerçekte burun olmayan şeyle, burna gelinceye dek. Ve büyük bir

GARRRRGGGGGGG!

sesi çıkardı

– tam da Dikiş Kafa'nın yüzüne. Yaratık'ın berbat nefesi yüzüne çarpınca Dikiş Kafa başının döndüğünü hissetti.

"Her şey düzgün çalışıyor gibi görünüyor – HARİKA!" dedi Yaratık. "PEKİ, şimdi ne yapacağız? Hadi bir KALE inşa edelim! Hayır, bekle, hadi salyangoz yakalayalım. Hayır, dur, KORSANCILIK oynayalım!"

"Biz mi? Ah, üzgünüm, ama ben…" diye başladı söze Dikiş Kafa, yeniden karanlığa doğru ilerlerken. "Sadece –benimle tanıştığını unut lütfen."

"Seni UNUTMAK MI? Seni nasıl unutabilirim ki? Yalnızca son dokuz dakikayı hatırlıyor olabilirim ama EN EN İYİ arkadaşımı gördüğüm anı asla unutmam!"

"En en iyi kimi?" diye haykırdı Dikiş Kafa.

"Ah, aynen öyle! Sonsuza dek EN EN iyi arkadaş! Beni yemeyeceğini söylediğin andan itibaren öyle olacağımızı biliyordum."

"Hayır, ama bekle, demek istediğim – benim hiç…" diye söze başladı Dikiş Kafa. Beden bulduğu dakikadan bu yana hayatının tamamını profesörün yaşam bağışladığı varlıklardan uzakta geçirmişti – sırf akıl almaz şekilde korkunç oldukları için değil, bu yaratıklar aynı zamanda ona efendisinin sözünü tutmayışını hatırlatıyordu. Bu yeni Yaratık ile arkadaş olma düşüncesi onu dehşete düşürdü.

"Tuhaf olan BİR DİĞER şey ne biliyor musun?" diye devam etti Yaratık. "Birbirimizin EN İYİ arkadaşıyız ama ben adını bile bilmiyorum."

"Adım mı…?" diye sordu Dikiş Kafa, şaşırmıştı. Adını soran biriyle ilk kez karşılaşıyordu. Kendi ismini bir kez olsun yüksek sesle dile getirmemişti bile. Uzun, derin bir nefesin ardından "Di – dikiş Kafa… bana Dikiş Kafa adını verdi," dedi.

"O mu? O kim?"

"Efendim – yani profesör."

"Pekâlâ, tanıştığımıza memnun oldum Dikiş Kafa!" diye bağırdı Yaratık. "Benim adım – hımm… adım… Bu çok TUHAF. Bir dakika öncesine kadar bir adım olduğuna eminim. Nereye gitti? Her neyse, zaten karanlıkta ASLA bulamam. Belki de yeni bir tane edinmeliyim. Hangi isim daha iyi sence? Gordon? Graham? Gary? Gavin? Gareth? Grover? Gilbert? Gideon? Geary? Guido? Garfield?"

"Ihh, benim gerçekten –" diye söze başladı Dikiş Kafa.

"Gibson? Gardner? Grayson? Gridley? Grimshaw? Galahad? Glenda? Gaynor? Gilda? Gwyneth? Gretchen? Glenys? Gabby? Gail? Gertrude?"

"Hımm, ben olsam muhtemelen – " diye haykırdı Dikiş Kafa.

"Garson? Gastrit? Gazete? Gece? Gaga? Gugukkuşu? Gözlük? Gudubet? Gemi? Gazlı? Giyotin? Geyikkılı? Göçebe? Göğüs ağrısı? Gökkuşağı? Gölge? Gölet? Gıdı gıdı? Girdap? Gondolcu? Güveç?"

"Git…"

"Git mi?" diye şaşırdı Yaratık. "Bak bu olabilir. Ama biraz KISA…"

"Hayır, demek istediğim benim gitmem gerek – gitmek zorundayım," diye kekeledi Dikiş Kafa.

"Gitmek mi? HARİKA! Nereye gidiyoruz? Bir yerlere gitmeye bayılırım!" diye keyifle haykırdı Yaratık. "Gezinti yapmak gibi mi? Gezmeye bayılırım!"

"Hımmm, hayır –" diye başladı Dikiş Kafa.

"HARİKA!" diye çığlık attı Yaratık. "Nereden başlıyoruz?"

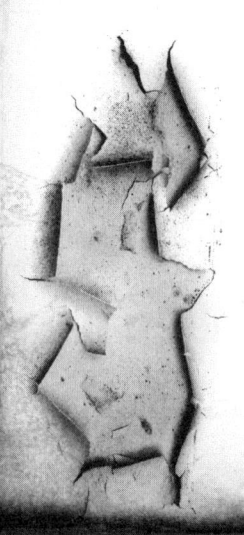

DÖRDÜNCÜ BÖLÜM

ŞATO TURU
(canavarlar, hayaletler ve bu ikisi arasındaki her şey)

Yukarıda yükseklerde
Şato görünüyordu,
Ve o ayakta durdukça
Kasaba hapı yutmuştu.

"Satolara bayılırım! Yani, sanırım öyle…" dedi Yaratık, isteksiz görünen Dikiş Kafa'yı Grotteskew'un karanlık köşelerine doğru takip ederek. "Bu KESİNLİKLE başıma gelen en heyecanlı şey. Her ne kadar son yirmi dakikayı hatırlıyor olsam da – AAAAH!"

İnsana benzemeyen, tuhaf bir şeklin karanlıktan çıkıp ay ışığıyla aydınlanmış koridorda belirmesiyle Yaratık şaşkınlıkla kalakaldı. Figürün kocaman gri bir kafatası vardı, göz boşluklarından dışarı dokungaçlar çıkıyordu, ayrıca üç metal bacağına rağmen aksayarak yürüyordu. Likırdadı ve ikilinin bulunduğu noktaya ilerlediği sırada ağzından yoğun, kahverengi renkte bir sıvı aktı.

"CANAVAR! Koş Dikiş Kafa, koş!" diye bağırdı Yaratık. Dikiş Kafa saklanma fırsatını bulamadan Yaratık onu üçüncü eliyle yakaladı ve olabildiğince hızla koridordan aşağıya doğru sürükledi. Bu kaçış sırasında diğer duvara çarpıp burada Yaratık görünümünde başka bir delik açtı.

"Pekâlâ, ben asla! Bu ne kabalık böyle," dedi kafatası canavar.

"Lü- lütfen... dur!" diye kekeledi Dikiş Kafa, Yaratık kendisine bahşedilen hayatı buna bağlıymış gibi etrafta koştururken. İki devasa koluyla yumruk yapıp taşlık bir koridoru açtı. Karanlık bir köşeye koca bedenini gizlemeye çalışırken Dikiş Kafa'yı killi çenesinin altında sıkıca tuttu.

"O canavarın kafamızı koparacağını ve etlerimizi kemiğimizden ayıracağını sandım!" diye inledi Yaratık. "Sence izimizi kaybettirebildik mi?"

"Beni *çok* sıkı tutuyorsun," dedi Dikiş Kafa nefes almakta zorlanıyormuş gibi. Yaratık minik bedenini sıkıca tuttuğundan nefes almakta zorlanıyor, buz mavisi gözü yuvasından çıkacakmış gibi hissediyordu.

"Üzgünüm! Bu üçüncü kol göründüğünden daha kuvvetli. Ayrıca üçüncü bir kolun varlığından ilk defa haberdar oluyorum ancak hafızam biraz zayıf..." dedi Yaratık. "Sahi ya ne yapacaktık – AAAH! CANAVARLAR! CANAVAR İSTİLASI!"

Koridor canlı bir varlığa özgü bir şekilde kıvrılıp bükülüyor gibiydi. Birbirinden tuhaf başka canavarlar da peşi sıra ortaya çıkıyordu. Birinin hemen ardından yenisi geliyordu. Her biri öncekinden daha korkutucu ve akıllara durgunluk vericiydi.

Dikiş Kafa ve Yaratık kafalarını çevirdikleri her yerde çeşitli canavarlar görüyorlardı –altı kollu sümüklü bir böcek, saat şeklinde ayağı olan devasa büyüklükte bir balık, buharla çalışan bir kafatası… Canavarlar, yaratıklar, çılgın şeyler!

"Canlı canlı yem olacağız! Yenmek istemiyorum! Yalnızca yirmi üç dakikadır hayattayım!" diye çığlık attı Yaratık, Dikiş Kafa'yı daha da sıkıca sararak.

"Nefes… alamıyorum…" diye hırıldadı Dikiş Kafa.

Tıslarcasına sesler çıkaran iğrenç yaratıklar ayaklarını sürüyerek onlara doğru yürüyordu. Bu sırada bedeninden bağımsız hareket eden bir kafa, üzeri sümük kaplı tavuk–köpeği hızla geçti.

"Günaydın Oliver! Karanlıkta sinsice dolaşmak için güzel bir gece, ne dersin?" dedi Kafa.

"Peter, eski dostum! Uzun zaman oldu! Karın nasıl?" diye karşılık verdi tavuk–köpek.

Kısa süre içerisinde bütün canavarlar birbirlerini selamlar hale gelmişti. Gelişigüzel şekilde bir araya getirilmiş canavarlardan bazıları küçük boyutlardayken, diğerleri birbirinden korkunç, çok sayıda parçanın bir araya getirilmesiyle meydana gelen kocaman yaratıklardı. Ancak akıllara durgunluk veren korkunçlukları ve mide bulandıran çirkinliklerine rağmen, her bir canavar şaşırtıcı derecede cana yakın görünüyordu. Yaşadığı anlık korkunun ardından (çığlık ve etrafa kaçışma), Yaratık karşısına çıkan her yeni iğrenç varlığı artan bir heyecanla selamlamaya başladı. "Hımm, merhaba, bacak-kafalı şey!" "Sana da merhaba, kedimsi şey!" "Senden ne haber solucanımsı-şey!" Çok geçmeden herkese zeytin dalı uzatmıştı. Şu ana dek tanıştığı en nazik tuhaf canavarlardı!

"Bunlar şimdiye dek tanıştığım en nazik tuhaf canavarlar Dikiş Kafa," diye belirtti Yaratık. Kafasını eğip üçüncü eline baktı.

Boştu. Dikiş Kafa gitmişti!

"Ah hayır! Onu bir yerlerde düşürmüş olmalıyım! Dikiş Kafa? Neredesin Dikiş Kafa?" diye bağırdı Yaratık. Bir araya gelen canavarların arasına dalarak onlara kayıp arkadaşını görüp görmediklerini sordu.

"Dikiş Kafa mı? Hiç duymadım! Ben de!" dedi iki kafalı sıçan–inek.

"Ne tuhaf bir isim! Daha *yaratığa özgü* bir şey düşünmeliydi... Lesley ya da Archibald gibi!" dedi yarasa kanatlı bir göz yuvarı.

"Dikiş Kafa, Dikiş Kafa... hiçbir şey çağrıştırmıyor," dedi metal örümcek ayakları üzerinde duran üç gözlü beyin. "Bu Dikiş Kafa'nın belirgin bir özelliği –kolaylıkla akılda tutmamızı sağlayan bir şey— var mı?"

"BELİRGİN özellik mi? Hımm, aklıma bir şey gelmiyor," dedi Yaratık, bu işe kafa yorarken üçüncü koluyla çenesini kaşıyordu. "Bekle…"

Yaratık daha büyük ellerinden birinin tek parmağıyla Dikiş Kafa'nın görüntüsünü taştan zemine çizdi. Dikiş suratlı bir yabancının resmi zeminde belirirken etrafı saran kalabalık olan biteni hayranlıkla izledi.

"Kafadaki o dikişler! Bahse girerim ki bu, *Grotteskew Hayaleti*," dedi üç gözlü örümcek- beyin.

"Vay canına haklısın!" dedi elektrikle çalışan kertenkele adam. "Uyandığımdan beri hayaleti görmemiştim. Vampirliğime resmen çare oldu!"

"Hayalet mi? NE hayaleti?" diye sordu Yaratık.

"Grotteskew Hayaleti! Bizim gibi düzinelerce yaratığa yardım etti. Hayat bulduğum gün gölgelerin arasından çıkageldi ve benim adam yeme takıntıma iyi gelecek bir ilaç verdi," dedi bataklık canavarı. "Tam 1,021 gündür temizim ve insan yemiyorum!"

"Epeyce pis bir durum olan kurtadamlığı ortadan kaldırdığı için ona teşekkür bile edemedim," diye ekledi sarmal pençeli iri kıyım bir kıltopu. "Dolunaydan uzak dur!" dedi ve karanlıkta kayboldu."

"Dolunaydan uzak dur!" diye tekrarladı Yaratık. "BANA da böyle söyledi!"

"Son zamanlarda, görünen o ki profesörün hayat verdiği yaratıklar çeşitli çılgınlıklarla karşımıza çıkıyor – ta ki Grotteskew Hayaleti onu ziyaret edinceye dek," diye ekledi üç gözlü örümcek– beyin. "Duyduğumuz kükremelere bakılırsa, bugün birini daha tedavi etmişe benziyor."

Yaratık'ın aklı hiç olmadığı kadar karışmıştı. En yakın arkadaşı bir hayalet miydi yani? Bu garip haberler karşısında Dikiş Kafa'yı bulmaya daha da kararlı hale geldi. Diğerleriyle vedalaştı ve şatonun derinliklerine doğru ilerlemeye başladı.

"Dikiş Kafa! Dikiiiiişş Kafaaaaa!" diye seslendi Yaratık, şatoda büyük bir gürültüyle ilerlerken. (Bu sırada, "ANNEEEE!" diye seslendi, her ne kadar annesi olduğundan emin olamasa da.)

Aramayla geçen dakikaların ardından (ve bağırmakla), Yaratık kendisini geniş, fazlasıyla yankı yapan bir koridorda bir başına buldu. Sağır edici haykırışları şatoda yankılanırken Grotteskew'u neredeyse temellerinden sarsacaktı.

"Dikiş Kafa! Yalnızca son otuz sekiz dakikayı hatırlamama rağmen bu süre zarfında benim EN EN İYİ arkadaşım oldun! Geri gel Dikiş Kafa, geri gel! Dikiş Kafa!"

BEŞİNCİ BÖLÜM

DİKİŞ KAFAYLA EVDE
(Grotteskew Hayaleti)

Biz, Grotteskew canavarları,
Seninle konuşmakta zorlanıyoruz-
Senin bağırman ya da "Dikkatli olun!" vb. haykırışların
karşısında
Ürkmek ya da korkmak istemiyoruz.
Bu yüzden sıkıntıya düşüyoruz
Ve umarız bize zaman verirsin.
Söylenen onca doğru şeyde olduğu gibi;
Aslında seni rahatsız etmek istemedik.

Dikiş Kafa Yaratık'ın haykırışlarını duyduğunda şatonun diğer tarafındaydı. Kendisini saran kollardan kurtulmayı başarmış (şatonun eski duvarları arasındaki kuytu köşelerde ortadan kaybolmak konusunda fazlasıyla alıştırma yapmış olduğundan) ve tekrar karanlığa çekilmişti. Ancak Yaratık'ın yardım çağrıları gittikçe yükseliyordu – kasaba ve daha ötesinde yankılanıyordu. Böyle devam ederlerse dış dünyadakilerin dikkatini çekeceklerdi. Bu da efendisinin başını belaya sokacakları anlamına geliyordu. Dikiş Kafa'nın başka seçeneği yoktu – geriye dönüp sesin geldiği yönü, geniş bir koridoru takip etti. Yaratık oradaydı, gelmiş geçmiş en şiddetli haykırışı için hazırlık yapıyordu…

"Lütfen… *bağırmayı*… bırak," diye fısıldadı Dikiş Kafa, karanlığın içinden çıkarak.

"Dikiş Kafa!" Yaratık mutlulukla haykırdı. "Seni BULDUM! Öyle endişelendim ki! DÜNYADAKİ en en iyi arkadaşımı kaybettiğimi sandım!"

"Ama zaten değiliz… ben…" diye başladı Dikiş Kafa ancak çok geçmeden kendisini şu soruyu sormaya mecbur hissetti, "Beni neden arıyordun?"

"Ne demek istiyorsun? Biz sonsuza dek birbirimizin en en iyi arkadaşıydık ya!" diye yanıtladı Yaratık. "Senin için endişelenmiştim! Canavarlarla dolu bir şatoda… HER ŞEY olabilir! Her ne kadar karşıma çıkanlar şu ana dek gördüğüm en iyi, tuhaf canavarlar olsa da. KESİN bir dille şunu söylüyorum – hayalet olsun ya da olmasın, seni bir daha gözümün önünden ayırmayacağım!"

"Ama ben… demek istediğim, öyle değil… yani… Of tanrım," diye iç geçirdi Dikiş Kafa.

On dakika sonra, Dikiş Kafa evim diye nitelendirdiği zindanı gören merdiven basamaklarının sonuncusunu da inmişti. Grotteskew Şatosu'nun en uzak, karanlık ve soğuk köşesi onun eviydi. Zindan öyle pis ve itici bir görünüme sahipti ki, diğer yaratıklar buraya gelmiyorlardı. Bu da Dikiş Kafa'nın hoşuna gidiyordu. Zindan gerçek anlamda yalnız olabileceği tek yerdi… tabii hamam böceklerini saymazsak.

Ve bugün bunların arasına devasa bir yaratık daha katılmıştı.

"Şunu açıklığa kavuşturalım," dedi Yaratık, yol boyunca aralıksız konuşmuştu. "Sen ASLINDA hayalet değilsin – yalnızca herkes öyle olduğunu sanıyor öyle mi?"

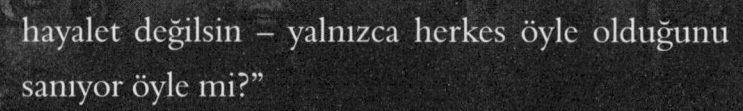

"Sanırım öyle…" diye mırıldandı Dikiş Kafa, zindanın kalın ahşap kapısını iterek açarken. Aslında, Dikiş Kafa profesörün hayat verdiği yaratıkların onu bir tür iyi ruh olarak görmelerini istiyordu, özellikle de varlığıyla şatonun huzurunu tehdit edecek yeni bir canavar ortaya çıktığında. Bu da en azından onu aramaya gelmeyecekleri anlamına geliyordu… yani şu ana dek.

"Kafam karıştı," dedi Yaratık, zindana doğru ilerlerken. Bir odanın görüp görebileceği, çok sayıda kurtçuk ve tavandan sarkan adeta zincir oluşturmuş örümcek ağlarıyla epeyce pis bir yerdi burası. "Neden aşağıda saklanıyorsun ki? Neden KARANLIKTA kalıyorsun? Herkes seninle tanışmayı çok istiyor ve – HEY! Şunlara bir bak! Ivır zıvıra bayılırım!"

Yaratık, Dikiş Kafa'nın yıllar içinde topladığı şeylerle dolu, bir düzine tozla kaplı sandık ve kutuların arasında sendeledi.

"Tüm bunlar ne için? Bu ne işe yarıyor? Bundan kaç tane var? Az önce neye bastım?" diye bağırdı, sandıkları karıştırırken harika zaman geçiriyordu.

"Lütfen *dikkatli* ol," diye mırıldandı Dikiş Kafa.

En sonunda Yaratık kendisini, iksir ve karışımlarla dolu bir masaya dayadı. Şişeler ve test tüpleri fokurdarken baloncuklar çıkarıyordu.

"Şu İKSİRLERE bir baksana!" diye bağırdı Yaratık. Bir şişeyi eline aldı ve kuvvetli bir şekilde salladı, ta ki tıpanın altındaki sıvı köpürüp etraf yeşil bir dumanla kaplanana dek.

"Lütfen… onu sallama… İksirlerim, son derece değişkendirler!" diye haykırdı Dikiş Kafa tiz bir sesle, oda dumanla dolarken.

"Bunları sen mi yaptın?" diye sordu Yaratık, gözlerini kısıp karanlıktaki şişelerden birinin etiketini okumaya çalışırken.

"Vampirizm azaltıcı krem… Çıldırmış Yaratık İlacı… Anti- İnsan Yiyici Tonik… Kurt Kovucu…" diye yüksek sesle okudu her birini. "Hey, okuyabiliyorum! HARİKA! Peki tüm bunları neden tutuyorsun?"

"Hiçbir sebebi yok, gerçekten," diye fısıldadı Dikiş Kafa. "Birkaç yıldır profesör deneylerinde daha *tehlikeli* malzemeler kullanıyor," diye açıkladı. "Vampir kanı, Şeytan Esansı, Kurtadam Özütü… bu karışımlar daha korkutucu yaratıkların hayat bulmasını sağlıyor. İçlerinden biri diğer insanların arasına karışabilir, daha kötüsü – profesöre zarar verebilir. Ama şuna biraz panzehir, buna da biraz ilaç vereyim derken, onları mutlu kılıyorum…

efendim için her şeyi kontrol altında tutabiliyorum, tıpkı söz verdiğim gibi," dedi Dikiş Kafa sessizce.

"Demek bu yüzden kudurmuş haldeydim! Hey, sen bir DAHİSİN!" diye bağırdı Yaratık. "Profesöre hayat verdiği yaratıkları tedavi ettiğini anlattın mı?"

"Hayır, yapamam... yapamam!" dedi Dikiş Kafa aniden. "O... o-"

TAK! TAK!

"AAAHHH! Canavarlar geldi! Ya da hayaletler! Ya da BAŞKA BİR ŞEY!" diye feryat etti Yaratık, devasa bir örümcek ağının arkasına saklanarak. "Hayır, *borazan* bunlar," diye mırıldandı Dikiş Kafa, zindanın uzak köşesine koşar adım giderek. Yaratık'ın karanlıkta görebildiği tek şey; zindandan dışarı uzanan, uzun metal borularla bir ağa bağlı, büyük bir borazana benzeyen boynuzların bulunduğu bir duvardı.

"Bunlar Harika! Nedir bunlar?" diye sordu Yaratık. Örümcek ağının arkasından çıkıp borazanlardan birine göz attı.

"Bunları ben yaptım!" diye karşılık verdi Dikiş Kafa. "Borazanlar şatonun etrafında uzanıyor, böylece aksi bir durum olduğunda sesi dinleyebiliyorum, ancak bu borazan daha önce hiç ses çıkarmamıştı. Sesin nereden geldiğini bile bilmiyorum… ah! Ah olamaz… bu olamaz!"

TAK! TAK!

"Ne? Ne oldu?" diye sordu Yaratık. Dikiş Kafa bembeyaz kesilmişti, ki bu haliyle gerçekten çok solgun görünüyordu. "Nereden geliyor?"

"Yine o ses… *o ses*!" diye sızlandı dikiş Kafa. "Büyük Kapı'dan geliyor. Dışarıda birisi var."

"Ama bu HARİKA değil mi? Ne kadar kalabalık olursak o kadar iyi! PARTİ verebiliriz!" diye haykırdı Yaratık.

"Anlamıyorsun – kimse şatoya gelmez… yüzyıldır buraya kimse gelmedi," dedi Dikiş Kafa, aceleyle etraftaki şişeleri toplayıp çantasına koyarken. "*Onun için* geldiler. Profesör için geldiler!"

ALTINCI BÖLÜM

ZİYARETÇİLER
(Kapıdaki tıkırtı)

Grotteskew, Grotteskew
Ne saklıyorsun?
Canavarlar! Yaratıklar!
Ve daha bir sürü çılgın şey!

"Gitmem gerek!" diye feryat etti Dikiş Kafa. Battaniye ve iksir çantasını yatağından kaptığı gibi dışarı fırlayıp merdivenleri çıktı.

"HARİKA!" diye haykırdı coşkuyla Yaratık. "Şimdi nereye gidiyoruz? Bir yerlere gitmeyi seviyorum!"

"Hayır! Demek istediğim… sen burada kalmalısın! Kimse sizi görmemeli. Hem de hiçbirinizi. Burada kalmak zorundasın," dedi Dikiş Kafa, geriye bakarak.

"Ama… ama…" diyerek söze başladı Yaratık. Ancak cümlesini tamamlayamadan Dikiş Kafa ortadan kaybolmuştu bile.

"Daha hızlı," diye mırıldandı Dikiş Kafa, ikinci el minik bacaklarıyla Büyük Kapı'ya çıkan bahçeyi büyük bir hızla geçerek. Oraya vardığında ne yapacağına dair hiçbir fikri yoktu. Öfkeli insanlardan oluşan kalabalığı nasıl geri püskürtebilirdi ki? Ya kapıdaki kişi yolu tesadüfen şatoya düşen biriyse? İçeride olan biteni öğrenmelerine engel olmak için onlardan bir an önce kurtulmalıydı. Öyle ya da böyle *kapıya cevap vermek zorundaydı.*

Büyük Kapı'ya vardığında, kapı daha hızlı bir şekilde vuruluyordu, ancak henüz kimse zili çalmamıştı. *Öfkeli kalabalık kapıyı öylece çalar mı* diye düşündü Dikiş Kafa. Kapıyı yerinden sökmeye ya da duvarlardan tırmanmaya çalışmaz mıydı?

Ahşap bir sandığı kapının önüne çekip üzerine çıktı. Sonra tuhaf görüntüsünü maskelemek için battaniyeyi kafasının etrafına doladı, derin ve tedirgin bir nefes aldı – ve gözetleme bölümünü açtı.

"Kim – kim var orada?" dedi soluk soluğa, karanlıkta gizlenmeye çalışırken. Büyük bir çift göz ona bakıyordu. İnsan gözleri. Dikiş Kafa'nın nefesi kesildi. Uzun zamandır insan gözü görmemişti (yani canlı bir insana ait), bu yüzden ne denli canlı göründüklerini unutmuştu.

"Sizinle tanışmak ne müthiş bir keyif beyefendi!" dedi insan. Bölmeden göz ucuyla bakan Dikiş Kafa silindir şapkalı şişman, pejmürde kılıklı adamı seçebilmişti. "Size kendimi tanıtayım. Ben Fulbert Ucubebulucu, hizmetinizdeyim. Doğal Olmayan Mucizeler Gezici Karnavalı'mı duymuş olmalısınız. İnsan gözü hayatı boyunca böylesine ürkütücü bir manzarayı görmemiştir!"

Bu adam pek de saldırıya geçmeye hazırlanıyor gibi görünmüyor diye düşündü Dikiş Kafa. *Burada ne işi var? Ne istiyor?*

"Yoldaşlarım ve ben tüm dünyayı geziyoruz," diye devam etti Ucubebulucu, "ekmeğimizi bildiğimiz tek yol ile kazanarak... aptal halkı korkutarak."

"*Ziyaretçi yasak*," diye fısıldadı Dikiş Kafa, insanı öfkelendirmemeye özen göstererek.

"Aha! Annen sana yabancılarla konuşulmaması gerektiğini öğretmiş –buna saygı duyuyorum! Ama yaşlı Fulbert'ten korkmanı gerektirecek hiçbir şey yok," diye karşılık verdi Ucubebulucu. "Bırak da sana insanların ne kadar acımasız olabileceğini söyleyeyim. Çünkü

CANLI
BEYİNLER
KIRILIR
↓

Chuggers Nubbin'de yaşayanlar bir şatoda canavar yaratan deli bir profesörden söz ediyor. Doğru mu gerçekten? Burada canavarlar yaratabilen bir profesör mü var?"

"Efendim..." diye fısıldadı Dikiş Kafa. "Demek istediğim, hayır! Profesör yok, canavar yok, yaratık yok!"

"Ha! Endişelenme! Efendinin sırrı bende saklı delikanlı," diye kıkırdadı Ucubebulucu.

"Kimi zaman kişi *canavar* yaratmak isterken kötü kaderin ani hamlesi karşısında lanetlenmiş, zavallı bir yaratığa can verebiliyor. Sence de öyle değil mi?"

"Ziyaretçi yasak," diye tekrarladı Dikiş Kafa. İnsanın yakıp yıkmak için şatoya gelmediğini anlamıştı, ancak yine de profesörün iyiliği için ondan kurtulmalıydı.

Tam bölmeyi kapatmak üzereyken:
"Sana ya da efendinin başına dert açmak burada değilim," diyerekgüvenini kazanmaya çalıştı Ucubebulucu. "Gerçek şu ki, iş için buradayım. Ucubebulucu'nun Karnavalı taze kan arıyor – ve söylenenlere göre duvarların ardında insanları dehşete düşürecek şeyler varmış. Ne demek is-

tediğimi hâlâ anlamadıysan, o zaman bir de şöyle anlatayım. – tüm bunlar bana ninni gibi gelir. Bu büyük kapıyı açarsan, söz konusu yatırımın detaylarını içeride konuşabiliriz," diye teklifte bulundu insan.

"Kapıyı açmak mı... Hayır, açamam," diye fısıldadı Dikiş Kafa, kafasını sallayarak. Bu sırada kafasına sardığı battaniye biraz kaydı, Ucubebulucu dikişlerinin bir kısmını görmüştü. "Hay bin kunduz! Bu ne yüz böyle!" diye bağırdı Ucubebulucu.

"Git buradan..." diye fısıldadı Dikiş Kafa, battaniyeyi düzgünce başının etrafına sararak.

"Gerçekten özür dilerim, çocuğum. Sakın korkuyla hareket ettiğimi düşünme. Çok rica ediyorum. Hayır, hayır –daha fazla etkilenemezdim. Senin gibi *olağanüstü* birine can verdiğine göre efendin zeki bir adam olmalı! Aslında tam olarak aradığım şey olabilirsin — ucubelerden oluşan daha iyi bir sınıf! Neden mi, Fulbert Ucubebulucu'nun Doğal Olmayan Mucizeler Karnavalı'nı ahırdan çıkartıp ilgi odağı haline getirebilirsin. Bir yıldız olabilirsin." Bölmeden içeri bir parça kâğıt uzattı. "Şuna bir bak– bilmek istediğin her şeyi burada bulabilirsin."

"Ziyaretçi yasak!" dedi Dikiş Kafa yeniden, sesi kulağa hiç olmadığı kadar sert geliyordu. Kâğıt parçasını tuttu ve bölmeyi hızla kapattı.

"Bekle! Konuşmamız ne olacak? Peki ya yatırım detayları?" diye bağırdı Ucubebulucu. Saat epey geç olmuştu. Soğuk hava karşısında titredi, üşümüştü. "Bir teklifim var– yarın yine aynı saatte burada olacağım, daha fazla konuşabiliriz! Sen de o zamana dek elindeki postere göz at, tamam mı?"

Yanıt gelmedi.

"Her şey yolunda mı patron?" diye sordu Bükük Doktor, Ucubebulucu'nun at arabasından inerek.

"Söylemesi zor Maurice. Söylemesi zor," diye cevap verdi Ucubebulucu, göstericiler etrafına toplanırken. "Ama bir şeyden eminim – kasabadaki o kız *haklıydı*. Bu şatoda bazı şeyler var… *insan olmayan* şeyler. Ve bu ne anlama geliyor, biliyor musunuz?"

"Çocuklara daha iyi davranmaya mı başlayacaksın yoksa?" diye sordu Madam Bıyık.

"Hayır seni *salak*." Ucubebulucu şişko, pis parmaklarıyla bıyığını okşadı. "Bu zengin olacağım anlamına geliyor!"

YEDİNCİ BÖLÜM

YARATIK TESELLİLERİ
(profesörün genç bir erkek olarak portresi)

ÇILGIN FİKİRLER NO.14

"Ne kadar çılgın o kadar iyi."

*Profesör Erasmus Erasmus'un
Bilimsel Yazıları'ndan*

Dikiş Kafa zindana dönmek için acele etmedi. Dikişle biraraya getirilmiş başı dönüyordu. Ziyaretçilerin Grotteskew'a geleceği düşüncesi onu korkutuyordu, ama arkadaş canlısı görünen silindir şapkalı bir adamdan ziyade ellerinde meşaleler, dirgenler, dudaklarında ise "Canavarları yakın!" sözüyle bağıran öfkeli bir kalabalık görmeyi bekliyordu. Bir keresinde profesör ona insanların şatodan korktuklarını, çünkü gözlerini korkutan asıl şeyin bilinmezlik olduğunu söylemişti. Dikiş Kafa duyulan korku yerini öfkeye bırakmadığı sürece insanların şatodan uzak duracağına inanmıştı. Ne var ki bu adam ne korkmuş ne de öfkeli görünüyordu. İtiraf etmek gerekirse, iyi birine benziyordu.

Zindana giden merdivenlerden inerken Dikiş Kafa minik ellerinde tuttuğu postere baktı.

"Fulbert Ucubebulucu'nun Doğal Olmayan Mucizeler Karnavalı... akıl sır ermez acayiplikler... tuhaf şekilli canavarlar... *unutulmuş ucubelere bir bakın.*"

Dikiş Kafa sözde "unutulmuş ucubelerin" bulanık fotoğraflarına baktı ve parmağını dikişlerinden birinin üzerinde gezdirdi. Grotteskew'un dışında bir yerlerde onun gibi yaratıkların var olduğunu bir an için bile aklından geçirmemişti. Bu "karnaval" da neyin nesiydi? Bu "canavarlar" herkesin görebileceği şekilde uluorta mı sergileniyordu? Yaratılmalarındaki asıl amaç neydi?

Zindana giden merdivenin son basamaklarını inerken dışarıya süzülen garip bir ışıltı Dikiş Kafa'nın dikkatini çekti.

"Bu da ne?" diye mırıldandı, posterini cebine tıkıştırıp aceleyle içeri girerken.

"Ah! Ah, hayır… sen ne yaptın?" diye sızlandı Dikiş Kafa, karşılaştığı manzara karşısında dehşete kapılarak.

"SÜRPRİZ!" diye kıkırdadı Yaratık.

Zindan *mumlarla* donatılmıştı — her şekilde ve boyutta yüzlerce mum vardı. Zindanın tamamı beyaz ışıkla parlıyordu. Yaramazlık yapmış gibi herhangi bir gölgeye mahal vermesi yasaklanmıştı sanki.

"Kilere gitmeye çalışırken koca bir SANDIK dolusu muma takıldım," dedi Yaratık, parmaklarını yalıyordu. "Artık karanlığa hapsolmak zorunda değilsin! Daha önce böylesine GÜZEL bir şey görmedin değil mi?"

"Ne? Ama hayır, fazla aydınlık... fazla temiz... çok fazla!" diye yanıtladı Dikiş Kafa, mumları olağanca hızla söndürerek.

"Hem artık yaptığın şeyi de görebileceksin!" dedi Yaratık. "Tam bir PARTİ havası! Diğer yaratıklar buraya gelebilmek için kapıları yerinden sökecekler! Artık SAKLANMAK yok!"

"Ama – ama ben fark edilmek *istemiyorum*! Görülmek *istemiyorum*!" diye başladı Dikiş Kafa. "Sadece... sadece *bir başıma* olmak istiyorum."

"Bak, biraz korkutucu göründüğünü biliyorum," diye belirtti Yaratık sevecen bir halde. "Ama sen şatodaki DİĞER yaratıklar gibi korkunç değilsin. GERÇEKTEN burada saklanmana gerek yok."

"Ah, hayır öyle demek istemedim asla..." diye söze başladı Dikiş Kafa. "Ama anlayamazsın. Ben... ben arkadaş istemiyorum. Ben sadece..."

"Sadece BENİ mi istiyorsun?" diye bağırdı Yaratık. "Zaten en iyi arkadaşlarız, ama yine de sen bilirsin."

Dikiş Kafa bir an için başını önüne eğdi —ayaklarından biri diğerine göre daha büyüktü.

"Hayır, yalnızca... efendimi. Profesörü," diyebildi Dikiş Kafa sonunda. "O... beni unuttu."

"Profesör mü?" diye tekrar etti Yaratık. "Ama o HERKESİ unutuyor, öyle değil mi? Yani bu şato onun unutulmuş buluşlarıyla dolu. Bunu KİŞİSEL alamazsın."

"Ama bu durum başka!" diye kekeledi Dikiş Kafa. Birbirine hiçbir şekilde uymayan gözlerini ovuşturdu ve Yaratık'a baktı.

"Üzgünüm… önemi yok. Zaten uzun hikâye…"

"HARİKA! Hikâyelere bayılırım!" dedi Yaratık. "En azından, öyle olduğunu sanıyorum. Bekle, rahat bir yere oturayım!" Yaratık üzerine oturabileceği geniş bir sandık çekti.

"Hmm, sanırım anlatmasam daha iyi olur –" diye başladı Dikiş Kafa.

"HAZIRIM!" diye atıldı Yaratık, korkunç poposuyla sandığı dümdüz bir hale getirerek. Dikiş Kafa derin bir nefes aldı. Hikâyesini daha önce hiç anlatmamıştı. Bu düşünce karşısında kendini canlı bir varlıkmış gibi hissetti.

"Tamam o halde işte başlıyorum, her şey biricik anımla başladı," diye açıkladı. "Uyandığımı hatırlıyorum. Işık gözümü alıyordu. Çok geçmeden yüzünde gülümseme, birinin bana baktığını fark ettim. Profesör o zamanlar daha çocuktu. Bana benim efendim olduğunu söyledi.... beni kendisinin *yarattığını*. Babasının deneylerinden artakalan malzemeleri toplayıp beni meydana getirmişti. Şuraya bir kol, buraya bir bacak, bir kulak, bir göz... 'Ve artık uyanma zamanı geldi," dedi. "Uyan Dikiş Kafa." Bana Dikiş Kafa diye sesleniyordu."

Anılar zihnine hücum ederken Dikiş Kafa mavi gözünün yaşlarla dolduğunu hissetti.

"Her şeyi birlikte yaptık. Efendim bir şeyler *yaratmayı* severdi, ben de deneylerinde ona yardım ederdim. Güneş batıncaya dek birlikte oynar, efendimin hayal ettiği şeyi yaratırdık –kanatlı bir örümcek, sekiz bacaklı bir serçe... Saatler, günler ve haftalar farkına varmadan birbirini kovalardı, ancak yine de birbirimizden ayrılmazdık. Bir *söz* verdik – ne olursa olsun sonsuza dek arkadaş olacaktık. Ama sonra..."

"Sonra ne oldu?" diye sordu Yaratık.

"Sonra… efendinin babası, oğlunun artık aile işini devralması gerektiğine karar verdi, efendim de böylece Grotteskew Şatosu'nun bir sonraki çılgın profesörü oldu," diye devam etti Dikiş Kafa. "Bir gün odaya daldı ve onun çocukça şeylerle oyalanma yaşını geçtiğini söyledi. Artık büyümeliydi. Efendimin kendi odasına girmesi yasakladı ve kapıyı ardından kapattı… ancak ben hâlâ içerdeydim. Sonra kapının kilitlendiğini duydum…"

"Seni içeri mi *kilitledi*? Bu MUTLU son hikâyelerine pek benzemedi," diye söylendi Yaratık.

"Efendimin beni almak üzere geri döneceğini umarak orada öylece oturdum. Döneceğini biliyordum – tabii ki dönecekti. Ne de olsa birbirimizin en iyi arkadaşıydık," diye devam etti Dikiş Kafa. "Öylece bekledim. Bütün gün bekledim… ve gece boyunca. Gün ağardı ve ben beklemeye devam ettim. Hareket bile etmedim. Sadece bekledim. Bir gün daha geçti, ve sonra bir gün daha… Tamı tamına üç gün geçmişti ancak hâlâ gelmemişti. Ama dönecekti biliyordum. Günler haftaya döndü, haftalar da aya… Kısa sürede hava soğudu. Günlerden neydi, onu bile hatırlamaz hale gelmiştim. Aylar geçti.

Bazen kahkaha, çığlık, kükreme sesleri duyuyordum ancak o geri gelmiyordu. Aylar yerini senelere bıraktı. Yıllar, uzun yıllar geçti. Hesap edemez oldum. Ancak yine de bekledim."

"Ama – ama artık buradasın! Yolunu buldun o halde değil mi? Ah lütfen başardığını söyle!" diyen Yaratık ağlamaya başladı, gözlerinden yaşlar dökülüyordu.

"Bir gün," diye konuşmasını sür-dürdü Dikiş Kafa, "günlerden bir gün *müthiş* bir kükreme sesi duydum. Kafamı kaldırdığımda ne göreyim? Kapı parçalara ayrılmıştı! Köpek olduğu izlenimini veren bir kafaya sahip, odundan yapılma üç bacaklı, kocaman killi bir canavar odaya daldı. Beni fark etmedi bile –diğer duvarı delerek içinden geçti. Çok geçmeden bunun, profesörün 'çılgın' canavarlarından biri olduğunu öğrendim. Efendim canlı gibi görünsünler diye bu canavarların yaratılma sürecinde tehlikeli malzemeler kullanmaya başlamıştı."

Dikiş Kafa kafasını kaldırdı, gözleri mum ışığında parıldıyordu.

"Bir süre önceden kapının bulunduğu yere öylece baktım. Elimin tersiyle gözümdeki tozu sildim. Kol ve bacaklarımı saran örümcek ağını silkeledim. Sonunda ayağa kalkabildim… ve dışarı çıktım. *Özgürdüm.*"

"YAŞASIN!" diye haykırdı Yaratık. "Bunun hüzünlü bir hikâye olacağından çok endişelenmiştim."

"Efendimi aramaya gittim ama artık çok geçti," dedi Dikiş Kafa. "Kırk yıl geçmişti. Efendim yetişkin, çılgın bir profesöre dönüşmüştü. Şatoda yaşayan sayısı yüzü bulan, birbirinden olağanüstü yaratığa hayat vermişti… bense çoktan unutulmuştum. Umursadığı tek şey bir sonraki deneyiydi. O günden sonra karanlıklarda gizlendim, profesörün yeni buluşlarının şatoyu yerle bir etme durumlarında işlerin çığırından çıkmasını önlemek için ortaya çıkıyordum sadece."

"Bu şu ana dek duyduğum EN ÜZÜCÜ hikâye!" diye haykırdı Yaratık. "Profesöre artık özgür olduğunu haber vermelisin!"

"Hayır! Hayır söyleyemem," dedi Dikiş Kafa. "Burası, bu zindan benim yaşam alanım oldu. Şey, mumları saymazsak tabii."

"Ama sen bu şatonun PARAMPARÇA olmasına engel oluyorsun! Sen bu ÇILGIN canavarları ARKADAŞ CANLISI ucubelere dönüştürüyorsun! Ayrıca, benim bütün kasabayı yememe engel oldun. Sen olmadan profesör asla başaramazdı."

Dikiş Kafa iç çekti ve başını salladı. Ne yaparsam yapayım profesör beni asla hatırlamayacaktır."

"Denemeden bilemezsin ki! Hadi gidip profesöre bir de yakından bakalım. Hem seni gözünün önünde SALLARIZ! Emin ol o zaman seni kesinlikle hatırlayacaktır! Bu esnada ben de seni elinden tutacağım. Bende üç tane var— seç birini bakalım!" diyen Yaratık ellerini uzattı.

"Hayır, yapamam… yapamam!" diye karşı çıktı Dikiş Kafa.

Efendisinin gelip onu kurtarmasını beklediği onca yılın hatırası Dikiş Kafa'nın üzerine çöktü. Unutulmuştu, önemsizdi – ve hiçbir şey bunu değiştiremezdi. Uyumsuz gözleri yaşlarla dolarken, Yaratık'ı zindandan dışarı sürüklemeye başladı. "Üzgünüm ama profesörü görmek istemiyorum! Hiç kimseyi görmek istemiyorum!"

"Ama sana YARDIM etmek istiyorum, tıpkı senin bana yardım ettiğin gibi! Biz birbirimizin EN EN İYİ arkadaşıyız!"

"Biz – biz arkadaş değiliz! Benim hiç arkadaşım yok! Ve yardımını da istemiyorum! Lütfen sadece – git!" dedi Dikiş Kafa ağlayarak. Yaratık tek bir söz dahi edemeden zindanın kapısını yüzüne kapattı.

Dikiş Kafa mumla aydınlanan odanın tam ortasına oturdu ve Ucubebulucu'nun posterini cebinden çıkardı. Gözlerini posterden ayırmadı, ta ki mumların hepsi birer birer sönene dek…

SEKİZİNCİ BÖLÜM

DUVARLARI TIRMANMAK
(yıldız olma şansı)

İşte! Grotteskew Şatosu!
(Ben olsam oraya gitmezdim.)

Çok geçmeden Grotteskew Şatosu'ndaki hayat daha sıradan bir hal aldı. Çılgın Profesör Erasmus en son buluşu üzerinde çalışırken Yaratık şatonun derinliklerine kaybolmuş, ortalıkta görünmüyordu. Kim bilir, belki de diğer yaratıklarla uğraşıp duruyor ya da kendisine bir isim arıyordu... öyle bile olsa, borazanlar hâlâ sessizliini koruyordu. Dikiş Kafa ona bağırdığı için kendini kötü hissetmişti, ancak en sonunda yalnız kalabilmişti, artık kendini çok daha iyi hissediyordu. –en azından her şey normale dönmüştü.

Yani, neredeyse.

Sözüne sadık kalan Ucubebulucu, şatoyu her akşam aynı saatte ziyaret ediyor, Dikiş Kafa yanıt verinceye dek Büyük Kapı'ya vurmaya devam ediyordu. Her seferinde Dikiş Kafa'ya, olağanüstü karnavalıyla dünyayı gezdiği ve gittiği her kasabada ona kucak açan insanlarla –ve korku dolu çığlıklarla—" karşılandığı heyecanlı hayatı hakkında bir hikâye anlatıyordu.

Ve tabii ki nazik bir dille Dikiş Kafa'dan Büyük Kapı'yı açmasını rica ediyordu. Dikiş Kafa ise her defasında, "Ziyaretçi yasak," diyerek onu geçiştirmeye çalışıyor ve bölmeyi kapatıyordu. Adeta oyun oynuyor gibiydiler. İtiraf etmek gerekirse Dikiş Kafa kapının çalmasını dört gözle beklemeye başlamıştı. Her ziyaretinde Ucubebulucu'yu bir öncekinden daha uzun süre dinliyor, Grotteskew Şatosu'nun dışında bir hayatın var olma ihtimali karşısında daha da meraklanıyordu.

Ancak yirmi dokuzuncu gece beklenmedik bir şey oldu, Büyük Kapı çalmadı. Dikiş Kafa zindanında çürümekteyken tek bir şeyi merak ediyordu; acaba Ucubebulucu en sonunda pes mi etmişti? Tuhaf bir şekilde bu düşünceyle hüzünlendiğini hissetti. Yıllardan sonra ilk kez daha fazla yalnız kalmak istemediğini fark etti. Yatağına uzandı ve borazanların uğultusunu dinledi...

"Şunu sabit tutun sizi kuşbeyinliler!"

Dikiş Kafa bu sesle yatağında doğruldu. Ses bir insana aitti ve şatonun dışından geliyordu. Borazanların bulunduğu noktaya kulak verdi. Bir süre sonra ses yeniden duyuldu.

"Hay bin kunduz, sabit dedim! Beni öldürmeye mi çalışıyorsunuz sizi aptallar?"

"Bu o!" dedi Dikiş Kafa heyecanla. "Bu Fulbert Ucubebulucu! Geri geldi!" O kadar heyecanlanmıştı ki bir an için dikişlerinden birinin atacağını sandı. Hızla zindan kapısına ilerledi, kapıyı hızla açtı ve kıvrımlı merdiven basamaklarını aceleyle çıktı. Borazan sesini takip ederek en sonunda şatonun muazzam kulelerinden birine ulaştı. Dikiş Kafa soğuk havayı içine çekmesinin ardından yüksek surlara adım atınca Ucubebulucu'nun sesini bir kez daha duydu.

"Sizi budalalar! Bu rüzgârın altında mendil gibi sallanıyorum!"

Dikiş Kafa sesi takip ederek korku duvarına ulaştı ve aşağı baktı. Ay ışığı sayesinde duvara yaslanmış merdivenin başını görebiliyordu. Daha doğrusu inanılmaz derecede uzun, saçma bir şekilde on iki adet ip merdiveninin bir araya getirilmesiyle oluşan merdiveni... Merdivenin bir ucunda ise tepeye ulaşması an meselesi olan Fulbert Ucubebulucu bulunuyordu.

Canı uğruna merdivene sıkıca tutunmuştu. Bir grup insan ise merdivenin devrilmemesi için elinden geleni yapıyordu.

"Birkaç saniye daha sıkı tutun sizi yeteneksiz aptal takımı! Neredeyse tepeye ulaştım – AAAH! Yine sen!" diye bağırdı, kendisine bakmakta olan yüzü dikişlerle kaplı, tuhaf yaratığı görünce. Ucubebulucu merdiveni daha da sıkı tuttu ve tekrar dengesini sağlamaya çalıştı. "Demek istediğim, AHA! Seni yeniden görmek *harika* çocuk! Ben sadece – buradan geçiyordum! Evet, işte bu! Sadece geçiyordum ve uğrayıp bir merhaba diyeyim dedim!"

"Ben –ben geleceğinden emin

değildim…" diye başladı Dikiş Kafa, kış rüzgârı şato kulelerinin arasında eserken. "Hımm, demek istediğim ziyaretçi yasak."

"Beni dinle!" diye seslendi Ucubebulucu, parmak eklemleri korkudan bembeyaz kesilmişti. "Pekâlâ, beni yakaladın demek – beni iş üstünde yakaladın! Şatoya girmeye çalışıyordum. İçeriye zorla girmek korkunç bir suç, bunu biliyorum – ne diyebilirim ki? Huylu huyundan vazgeçmez! Ne yalan söyleyeyim beni büyük bir dertten kurtardın –ne de olsa aradığım *sendin*!"

"Gerçekten mi?" dedi Dikiş Kafa, heyecanını gizlemeye çalışarak.

"Elbette! Başka kim olabilir ki? Gerçek şu ki… İşin aslı sana daha yakından bakmam gerekiyordu – tam anlamıyla, ulu orta bir yerde. Seninle konuşabilmek uğruna hayatımı riske atmaktan mutluyum! Neden mi? Çünkü sen korkunçsun! Büyüleyici şekilde korkunç!"

"Öyle miyim gerçekten?" dedi Dikiş Kafa, parmağını dikişleri üzerinde gezdirerek. "Bu – bu iyi bir şey mi?"

"İyi de laf mı? Olağanüstü! İnsanlar sırf yakından bakmak için kilometrelerce öteden gelecekler…" diye başladı Ucubebulucu. "Aa, tabii ya sen nereden bileceksin? Bunca zaman sana ismini hiç sormadım. Sana nasıl sesleniyorlar çocuk?"

"Ben… bana Dikiş Kafa ismini verdi," diye yanıtladı

Dikiş Kafa sessizce.

"Dikiş Kafa mı? Ama bu *mükemmel!*" diye haykırdı Ucubebulucu, mutlulukla sırıtarak —bu sırada aşağı bakmamak için uğraş veriyordu.

"Artık her şeyi anlayabiliyorum– Dikiş Kafa, insan yapımı çocuk! İddia ediyorum, çılgın bir profesörün doğal olmayan deneylerinin akıl almaz dehşetine tanık oldun. Dikişlerle bir araya getirilmiş bir yaratığa bakma cesaretini kim gösterebilir ki?

Ve karşınızda… *Unutulmaz Dikiş Kafa!*"

"Unutulmaz Dikiş Kafa…" diye tekrarladı Dikiş Kafa.

"Bunca basamağı sırf sana iltifat edeyim diye çıkmadım Dikiş Kafa," diye devam etti Ucubebulucu. "Sana yeni bir hayat teklifinde bulunmak üzere buradayım – bu şatonun ötesinde bir hayat! Seni çok ünlü yapabilirim. Seni bir yıldız yapabilirim!"

"Beni mi? Ama..." dedi Dikiş Kafa fısıltı halinde. Yüzünü Grubbers Nubbin'e ve onun ötesindeki büyük, uçsuz bucaksız dünyaya döndü. "Ben – ben üzgünüm ama yapamam. Efendime... söz verdim."

"Ne! O yaşlı zır deli profesörden mi söz ediyorsun? Hay bin kunduz, bir düşünsene profesör son zamanlarda senin için ne yaptı? Seni burada, gözlerden uzak bir yerde tutamaz! Sana dünya sahnesinde parlama fırsatı veriyorum!"

"Üzgünüm, gerçekten üzgünüm,' dedi Dikiş Kafa. "Ama ziyaretçi yasak."

"Haklı olduğumu biliyorsun –parlak bir gelecek seni bekliyor çocuğum! Kaderinde çok daha fazlası var – Bekle!" Dikiş Kafa aşağı sarkıp merdivenin başını tutarken Ucubebulucu dehşet içinde onu izliyordu. "Bekle bir dakika! Konuşabiliriz! Seni zengin edebilirim! Seni ünlü yapabilirim! Seni –"

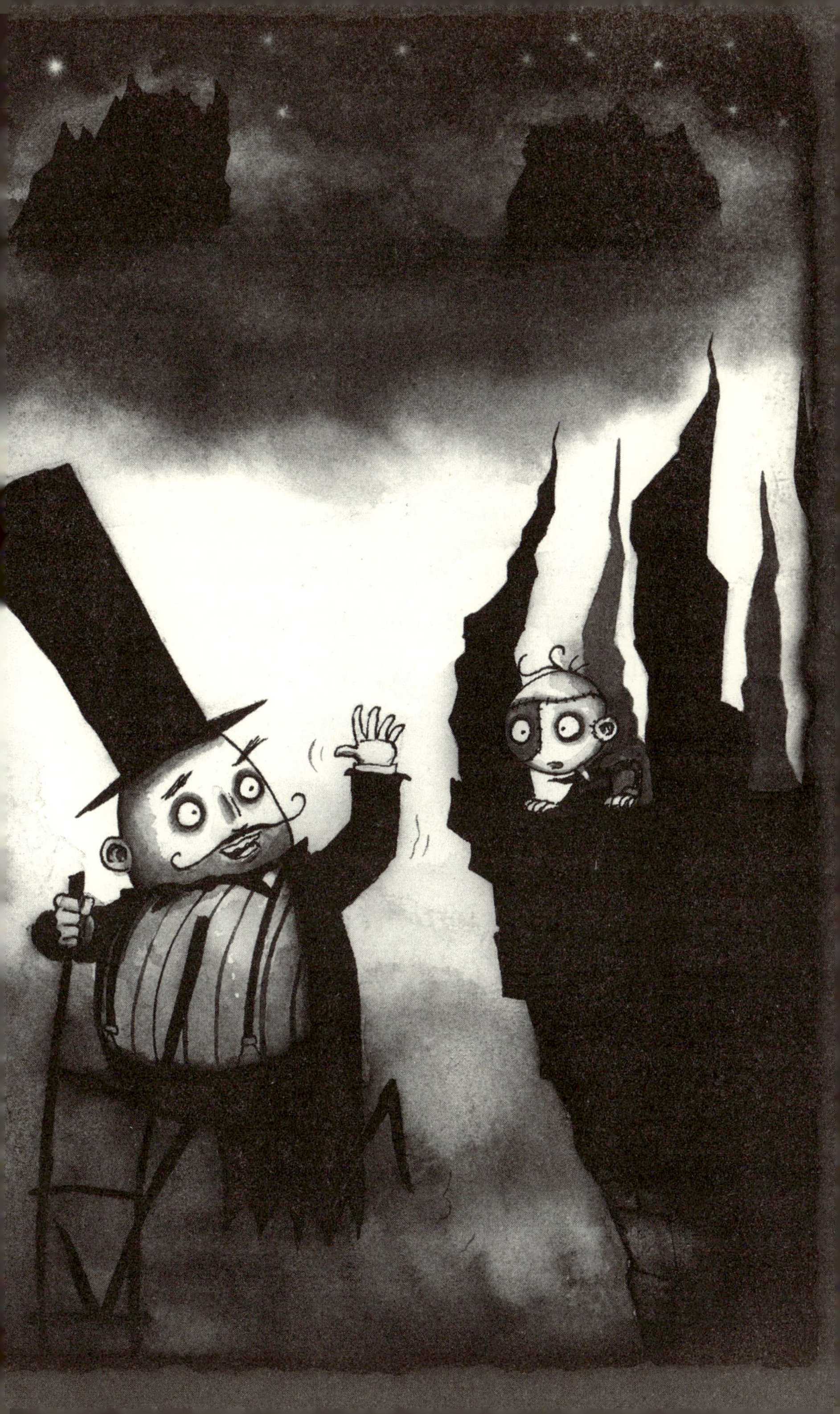

Dikiş Kafa tuttuğu şeyi itti… ve dev merdiven geriye düştü.

"Unutulma--AAAAAAHHHHHHHHH!"

Geçen yirmi dakikanın ardından Bükük Doktor, Madam Bıyık ve Başaşağı İkizler, Fulbert Ucubebulucu'yu tepetaklak olmuş bir şekilde ağacın tepesinde buldular.

"Patron! Sen iyi misin patron?" diye bağırdı Madam Bıyık.

"Bu… ne… saçma… bir … sorudur," diye inledi Ucubebulucu, dişlerinden birini tükürerek.

"Dayan! Seni aşağı indireceğiz!" diye hep bir ağızdan bağırdı Başaşağı İkizler.

"Bir merdivene ihtiyacımız var! Bu saatte nerede bulabiliriz ki?" diye sordu Bükük Doktor.

"Bazen merak ediyorum da sizi neden etrafımda tutuyorum acaba Maurice?" diye homurdandı Ucubebulucu.

"Derhal beni aşağı indirin! Vazgeçmeyeceğim… savaşmadan. Biri… bana… sıcak hava balonu bulsun!"

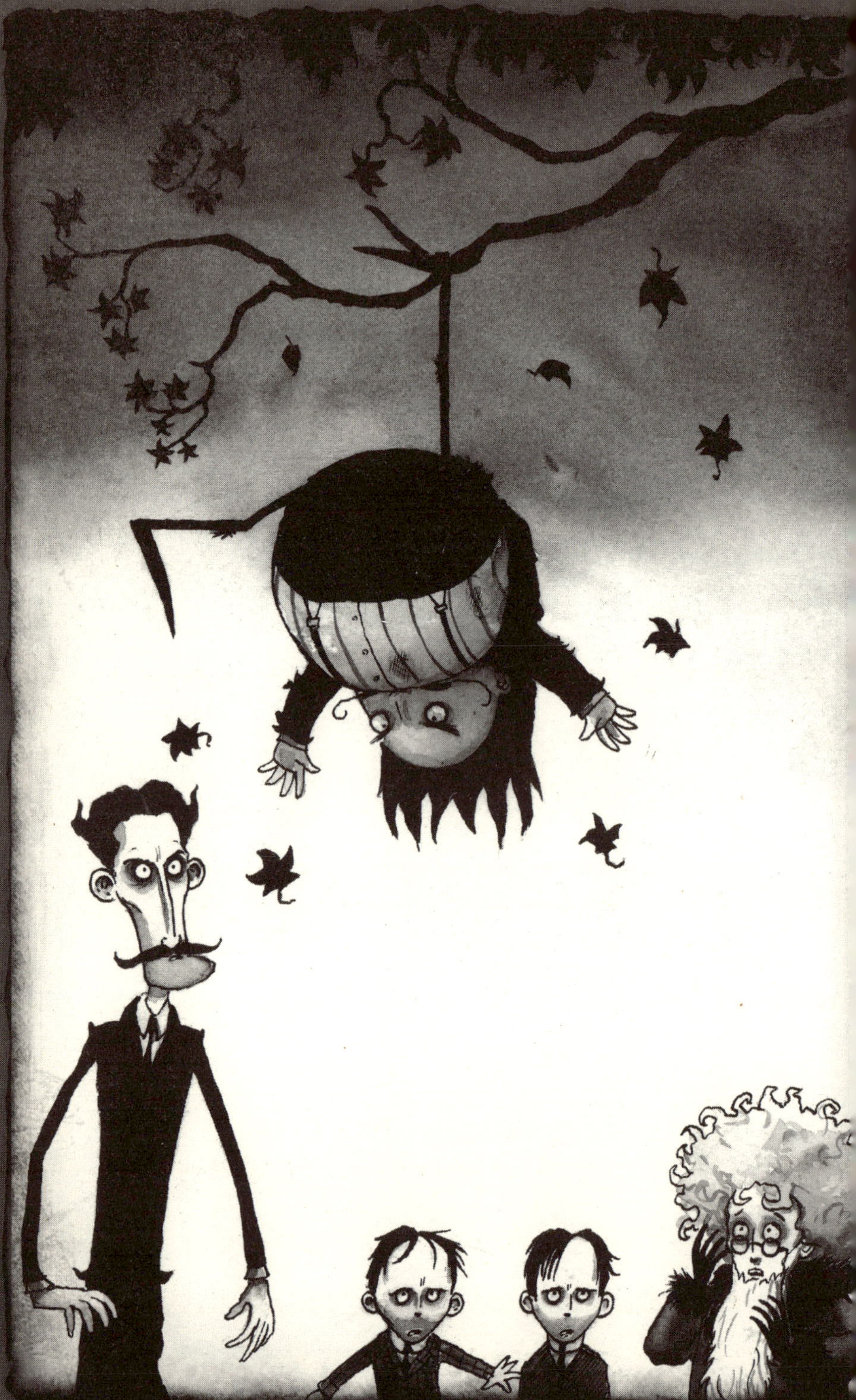

DOKUZUNCU BÖLÜM

BENİM GİBİ BİR UCUBE
(Dikiş Kafa'nın hayali)

ÇILGIN FİKİRLER NO.13

"Ziyaretçi yasak!"

Profesör Erasmus Erasmus'un Bilimsel Yazıları'ndan

O gece Dikiş Kafa yatakta uzanırken tuhaf bir şey oldu.

Uyudu.

Dikiş Kafa o ana dek uyuma ihtiyacı hissetmemişti ancak uykusu varmış gibi yapmak, canlı bir varlık olduğu yönünde bir hisse kapılmasını sağlamıştı. Geceleri yatakta uzanır, kulağını duvara dayayıp şatodaki yaratıkların konuşmaları ve takırtılarını dinlerdi. Ama bir şey değişmişti. Dikiş Kafa artık olan biteni dinleme gereği duymuyordu. Çünkü şatoya karşı bir bağ hissetmiyordu... profesöre verdiği sözü bile unutmuştu. Kendini özgür hissediyordu. Hayatında ilk kez derin bir uykuya daldı. Rüyasında Fulbert Ucubebulucu'nun Doğal Olmayan Mucizeler Karnavalı'nı gördü.

"Toplanın! Toplanın, iyice yakına gelin Chuggers Nubbin'in cesur ruhları! Akıllara durgunluk veren, midenizi allak bullak eden, korkudan altınızı ıslatmanıza neden olan, dünyanın gelmiş geçmiş en korkutucu şovunu izleyin!" diye bağırdı Ucubebulucu. "Huzurlarınızda– Unutulmaz Dikiş Kafa!"

Dikiş Kafa kendisini on atın önderlik ettiği bir at arabasında buldu. Kafalarında boynuzu andıran ışıl ışıl mumlar vardı. Bu haliyle at arabası harika görünüyordu. Etrafını saran kalabalık en ufak bir el hareketi karşısında dehşet içinde haykırarak hayranlıklarını dile getiriyordu.

"Aman Tanrım! ÇOK korkunç!"

"Daha önce hiç böylesine korkunç bir şey görmemiştim!"

"Ne canavar ama! Çok korkunç! Müthiş! Hafızalardan silinmesi imkânsız!"

"Gözlerim! Gözlerim!"

"Dehşet verici! Dehşet verici!"

"O süper ucube! Süper ucube!"

Hâlâ uyumakta olan Dikiş Kafa etrafını dolduran düzinelerce kişinin gördükleri manzarayla kendilerini kaybetmeleri karşısında mutlulukla kıkırdadı. Bakışlarını Fulbert Ucubebulucu'nun bulunduğu noktaya çevirdi. (Rüyasında Ucubebulucu keçi kafalıydı.) Göz göze geldiğinde o da eliyle kendisine tam not verdiğini belli eden bir işaret yaptı. Keçi Fulbert bir toynağını havaya kaldırdı, parasını sayarken mutlulukla meledi. Dikiş Kafa bakışlarını kalabalığa çevirdi. Kalabalığı oluşturan kişiler çeşitli pankartlar taşıyorlardı. Pankartlarda sırasıyla şu sözler yazıyordu:

…Ve at arabası geçip giderken "Dikiş Kafa! Dikiş Kafa!" diye tezahürat yapıyorlardı. Dikiş Kafa daha önce kendini hiç böylesine önemli hissetmemişti. Ucubebulucu verdiği sözü tutmuştu – şatonun dışında bir hayat. Özgürdü… ve dahası, herkes onu tanıyordu!

Geriye baktığında ufukta Grotteskew Şatosu'nu gördü. Yarattıkları karşısında epeyce savunmasız ve yalnız görünen profesörü düşündü ama tezahürat sesleri öylesine yüksekti ki uzaktaki şatonun kuru yapraklar gibi etrafa sürüklenmesine neden oldu. Yine aynı sesle Dikiş Kafa'nın olduğu yerde yükseliyordu. Resmen uçmaya başlamıştı! Ekili tarlaların ve ışıkla aydınlatılmış kasabaların üstünde süzülürken etrafındakilere el sallıyordu, onlar ise aynı anda çığlık atıyor ve tezahürat ediyorlardı:

"YAŞASIINNN!"

Çok geçmeden Yaratık da gökyüzünde ona katıldı. Nedendir bilinmez beraberindeki ATLA VE SALLAN yazılı afişle yanı başında uçuyordu. Gökyüzünde daha da yükseldiğinde, Dikiş Kafa profesöre benzeyen bir bulut fark etti. Ona doğru uçtu, ancak o uçtukça bulut rüzgârın yönüne bağlı olarak şekil değiştiriyordu, ta ki Fulbert Ucubebulucu'ya benzeyinceye dek.

"Seni *unutulmaz* birine dönüştürebilirim!" diye teklifte bulundu Ucubebulucu, hemen ardından onu bum sesi izledi!

"Bum mu?" dedi Dikiş Kafa, uykudan uyanmıştı.

Dikiş Kafa yerinde doğrulup sesin hangi borazandan geldiğini anlamaya çalıştı. Ancak çok geçmeden sesin borazanlardan gelmediğini fark etti – biri zindanın kapısını çalıyordu! Evinin kapısını! Daha önce kimse kapısını çalmamıştı. Yoksa uyuduğu sırada birileri şatoyu istila mı etmişti? Hızla odayı adımlayıp kapıyı hafifçe araladı.

Kapıda kimse yoktu. Yani yere bırakılan bir parça kâğıdın dışında hiçbir şey... Dikiş Kafa eline aldığı kâğıt parçasını açtı.

> SEVGİLİ DİKİ KAFA,
> ATLA VE SALLAN ETKİNLİĞİNE DAVETLİSİN.
> İNAN HER EY HARİKA OLACAK!
> SAAT GECEYARISINI VURDUĞUNDA DOĞU KO-
> RİDORUNA GEL... NE DİYECEKTİM, DOĞU KO-
> RİDORU MUYDU YOKSA BATI KORİDORU MU?
> HER NEYSE İ TE ORADA GÖRÜ ÜRÜZ!
> SAYGILARIMLA,
> GİZEMLİ YABANCI

Böyle bir not ancak Yaratık'tan gelebilirdi. Bir ayı geçkin bir süredir onu görmemişti. Ani bir vicdan azabı hissetti. Şatodaki yeni hayatının onu mutlu edip etmediğini merak ediyordu.

Gözlerini ovaladı, rüya hâlâ zihnini meşgul ediyordu.

Yanıt aradığı bir sürü soru vardı. Şatodan uzakta yeni bir hayat mümkün müydü? Etrafını saran kişiler gerçekten ona tezahürat edip alkış tutacaklar mıydı? Sözü edilen "Unutulmaz Dikiş Kafa" unvanına gerçekten kavuşabilecek miydi?

Ayrıca Tanrı aşkına Atla ve Sallan da neyin nesiydi?

ONUNCU BÖLÜM

ATLA VE SALLAN
(sonuna dek)

Karmakarışık bir durumdan kurtulmak istersen,
Hemen kendine bir ATLA VE SALLAN edin!

Dikiş Kafa iksir çantasını (Yaratık'ın başka bir hastalığa yakalanma ihtimaline karşı) yanına aldı ve onu bulmak üzere şato koridorlarında ilerledi. Doğu koridoruna vardığında şu sözleri yazmakta olan Yaratık'ı gördü.

ATLA VE SALLAN'A GİDEN İPUÇLARINI TAKİP ET!

Cümlesinin sonuna ise merdivenleri gösteren bir ok işareti çizmişti. (ve tabii gülen bir yüz ifadesi vardı.) Dikiş Kafa "ipuçlarını" takip ederek şatoda ilerledi. Bunlar kötü bir el yazısıyla tebeşir kullanılarak duvara yazılmış düzinelerce mesajdan oluşuyordu:

BU TARAFTAN!
BURAYA!
YAKLAŞIYORSUN
SICCAK... SICCAK... YANIYOR!
HAYIR, BEKLE, SOĞUK! BUZZ GİBİ SOĞUK!
GELDİĞİN YOLDAN GERİ DÖN!

Mesajlar bu şekilde devam ediyordu. Dikiş Kafa en sonunda üzerinde

NEREDEYSE VARDIN ! YANIYORSUN! GERÇEKTEN!

yazan başka bir işareti gördü.

…Yol doğruca profesörün laboratuvarının kirişine gidiyordu.

Dikiş Kafa nefesini tuttu, sıkıca elinde tuttuğu iksir çantasıyla kapıyı iteleyip açtı.

"Dikiş Kafa, GELDİN İŞTE! HARİKA! Buraya gel! Şşşşş!" Yaratık tepede bulunan geniş ahşap bir kirişe tünemişti. Burası profesörün bulunduğu noktayı görüyordu. Dikiş Kafa da Yaratık'ın doğuşunu burada izlemişti.

"Burada ne yapıyorsun? Profesörün üzerine düşebilirsin!" dedi Dikiş Kafa panikleyerek.

"Başka bir yaratığın doğuşuna tanıklık ediyorum!" diye fısıldadı Yaratık. "Bir baksana!"

Dikiş Kafa kirişlerin arasından laboratuara göz attı. Profesörün son eserinin hayat bulması an meselesiydi. Varlığın üzeri beyaz bir çarşafla örtülüydü ve Yaratık'tan bile büyük görünüyordu.

"İşlem neredeyse bitti! Sıradaki deneyi tamamen aklımdan çıkmış," dedi Dikiş Kafa.

"Biliyorum – HARİKA değil mi? Yeni bir şey ve acı verici başka bir hayat bulma mücadelesini görmek için sabırsızlanıyorum!" diye fısıldadı Yaratık. Kirişlerden biri üzerine çizilmiş büyük bir X işaretini işaret etti. "Bu arada hâlâ beklerken… Biliyorum! Burada, tam bu noktada dur, böylece etrafa daha iyi göz atabilirsin."

"Orada mı durayım? Ama… hımmm, TAMAM, ama neden?" diye mırıldandı Dikiş Kafa, dikkatle X'e daha da yaklaşırken.

"Evet! Yaşa… Ha, hahahahah! Yaşa diyorum!" diye bağırdı profesör, çarşafı eserinin üzerinden çekerken aklını kaybetmiş gibi bağırıyordu. Dikiş Kafa o an değişen hiçbir şeyin olmadığını fark etti. Her zamanki gibi yine burada durmuş, eserine can vermekte olan efendisini izliyordu. Her zaman yanında olacağına dair verdiği sözü nasıl unutabilirdi ki?

"He, bu arada GERÇEKTEN özür dilerim, bilirsin işte. Daha önce seni ÜZDÜM," dedi Yaratık.

"Sanırım heyecan konusunu biraz abartmıştım ancak yalnızca üç saattir hayattaydım…"

"Hayır, hayır, asıl ben özür dilerim," diye karşılık verdi Dikiş Kafa. "Sana bağırmamalıydım. Mumlara gelince, çok naziksin gerçekten. Yangın riskini unutmamak gerek ancak yine de—"

"HARİKA! Öyleyse yeniden birbirimizin en iyi arkadaşıyız! Çok rahatladım!" dedi Yaratık ve eline küçük bir yumak ip aldı. "Şimdi seni bununla bağlayalım."

"Ne? Bağlamak mı… Neden?" diye sordu Dikiş Kafa.

"Bu bütün oyunların EN EN İYİSİDİR!" diye yanıt verdi Yaratık. "Daha önce hiç ATLA VE SALLAN oynamadın mı?"

"Atla ve Sallan'ı daha önce hiç duymadım. Ne – ne ki o?" Yaratık bacağını kaldırıp ipi ayağına dolarken Dikiş Kafa şaşkınlıkla onu izliyordu. "Hey, ne yapıyorsun-"

"Çünkü ben uydurdum!" diye bağırdı Yaratık. "Ama sonunda bana teşekkür edeceksin! ATLA VE SALLAN oyununun TAM zamanı!" Bu sözlerin ardından Dikiş Kafa'yı kirişlerden aşağı itti!

"AAAAAHHHHH!" diye bağırdı Dikiş Kafa, tepetaklak yere düşerken. En az ölüm kadar korkutucu kaderine birkaç saniye uzaklıktaydı. Ta ki ayağına bağlı ip onu sıkıca tutuncaya dek.

Yanında taşıdığı şişelerin bulunduğu çantayla beraber belli bir yükseklikte durunca ŞANGUR ŞUNGUR diye bir ses duyuldu. Çaresiz bir durumda olan Dikiş Kafa kendisini profesörün son eserinin... ve tabii profesörün birkaç santimetre yüksekliğinde sallanırken buldu.

"Mükemmel! HARİKA! Bu kesinlikle şu ana dek öne sürdüğüm EN EN İYİ fikir," diye kıkırdadı Yaratık, iki büyük koluyla ipi sıkıca tutarak.

"Lütfen... beni yukarı çek!" dedi Dikiş Kafa Yaratık'a sessizce, havada sallanıyordu. Ne var ki, Yaratık boşta kalan elini mutlulukla sallamakla yetindi. Paniğe kapılan Dikiş Kafa kendisini yukarı çekmeye çalıştı ancak iksir çantası ağırlık yaptığından kendi bileğini bile kavrayamadı.

Profesörün sadece birkaç santim yukarısındaydı. Profesörün ince, uzun gri saçları ile kafasının ışıkta parlayan kel kısmını görebiliyordu. Elli yıldır yaratıcısına bu kadar yakın olduğu başka bir an hatırlamıyordu. Dikiş Kafa başının döndüğünü hissetti. Görünme ihtimalini göze alamazdı. Efendisiyle yüz yüze gelemezdi, özellikle de geçen sürenin ardından.

Yoksa yapabilir miydi?

Kafasını kaldırıp baktığında Yaratık'ın onaylarcasına parmağıyla işaret verdiğini gördü. Dikiş Kafa düşünmeden edemiyordu…

ya hiçbir şey sandığı gibi değilse? Ya Ucubebulucu'nun iddia ettiği gibi *unutulmaz* biriyse? Belki de bunca zaman o odada kilitli tutulmasının başka bir nedeni vardı... Belki profesörün odasına girmesi yasaklanmıştı. Belki de eski odasının nerede olduğunu unutmuştu. Kapının anahtarını da bulamamış olabilirdi. Bunca zamandır ilk eserini görmeyi özlemle beklemiş ama onu bulması mümkün olmamıştı. Bu da ihtimaller arasındaydı.

Belki de gerçekten *görünmenin* zamanı gelmişti.

"Hımm! Yolunda gitmeyen şeyler var... Neden canlanmıyorsun?" Yeni eserinin cansız bedenine bakan profesör derin düşüncelere daldı. "Ters giden bir şey var. Ama ne? Tanrı aşkına, nedir? Neyi unuttum?"

Ona sesini rahatlıkla duyurabilirdi, sadece bir kereliğine... diye düşündü Dikiş Kafa. Ama yapamam... yapamam!

"HEY! Hey, prof! Çabuk, yukarı bak! Burada ATLA VE SALLAN dansı yapıyorum!" diye bağırdı Yaratık en gürültülü sesiyle. "Ve artık yorulmaya başlıyorum, BİLGİNE!"

"NE? Hayır lütfen – şşş!" diye fısıldadı Dikiş Kafa, ama artık çok geçti.

Profesör kafasını kaldırıp baktı.

Dikiş Kafa donakaldı. Orada öylece durmuş, profesörün birkaç santimetre yukarısında sallanıyordu. Efendisinin bakışlarına karşılık verme cesareti gösteremediğinden gözlerini kapattı.

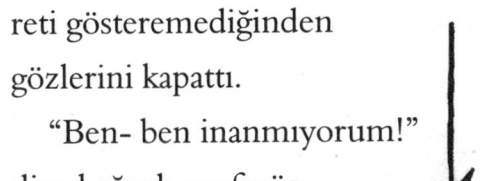

"Ben- ben inanmıyorum!" diye bağırdı profesör.

"Ah – ha! Biliyordum! Ah aman! Ah harika! Dualarım kabul edildi! Ah- ha- ha! Başından beri buradaydın demek!"

Dikiş Kafa içini çekti. Gözlerini açtı, yüzüne bir gülümseme yayılmıştı. Profesör onu hatırlamıştı! Şimdi ona bakıyordu! Kertenkeleye benzeyen kemikli yüzü Dikiş Kafa'nın hayatında gördüğü en olağanüstü şeydi!

"Tabii ki! Aha! İşte eksik olan buydu!" diye bağırdı. Dikiş Kafa'ya uzandı, o da profesöre aynı şekilde karşılık verdi. Profesörün eli kendisine uzanırken Dikiş Kafa bir an için yeniden hayat bulduğu hissine kapıldı. Ancak kendisine uzandığını düşündüğü el beraberindeki çantayı buldu, profesör küçük, mavi bir şişe çıkardı.

"*Sabah karışımı esansı!*" diye bağırdı, şişenin üzerindeki yazıyı okuyarak. "Aha! *Eserimi* uyandırmak için ihtiyacım olan tonik işte bu! Sen orada kafamın üzerinde sallanırken bunu fark etmiş olmam ne şans ama."

Dikiş Kafa'nın ödünç aldığı, minik kalbi *acıdı*. Profesör iksirlerin bulunduğu çantayla ilgilenmişti. Onu hatırlamamıştı bile.

Dikiş Kafa hayatının en uzun iç çekişini yaptı. O an yerin açılıp onu içine çekerek sonsuz karanlığa hapsetmesini istedi.

"Ah hayır, bu hiç iyi değil," diye fısıldadı Yaratık. İpi hızla yukarı çekti, ta ki Dikiş Kafa kendisini yeniden kirişlerin orada buluncaya dek.

"Hımm, bu oldukça TUHAFTI!" dedi Yaratık, neşeli görünmeye çalışarak. "KENDİ dünyasını anlatıyor! Hımm, demek istediğim, eminim… çok meşguldü, bilirsin işte…"

Dikiş Kafa hiçbir şey söylemedi. Birbirinden farklı renkteki gözleri sulanmıştı, öylece duvara bakıyordu.

"Ne düşünüyorum biliyor musun?" dedi Yaratık aniden. "Muhtemelen kötü bir zamanına denk geldik. Evet, sebep tam olarak bu! Nasıl olduğunu bilirsin – meşgul meşgul! Yapılacak şeyler, yaratılacak canavarlar! Bir sürü doğal olmayan yaratık hayat bulmalı, zaman ise çok az…"

Dikiş Kafa yavaşça başını salladı, ardından kafasını eğip minik ellerine baktı.

"Ne yapacağımızı biliyorum! Muhtemelen yeniden denememiz gerekiyor!" diye bağırdı Yaratık, yardım etmek için can atarak. "Daha iyi bir ATLA VE SALLAN için iyi bir köşe her zaman vardır! Ya senin kafasının üzerine düşmeni sağlasam? Böylece bazı şeyler kafasına dank eder– bu noktadan sonra seni bir daha görmezden gelmez."

"Ben – ben üzgünüm," diye fısıldadı Dikiş Kafa sonunda. "Gitmem gerek."

Bu sözlerin ardından yavaşça kirişlerden uzaklaşarak kapıya doğru ilerledi.

"Bekle! Dikiş Kafa! Ya seni bir topun içine yerleştirip ateşlersek? Bu işe yarayabilir! Dikiş Kafa geri gel!" diye bağırdı Yaratık… ama Dikiş Kafa çoktan gitmişti.

ON BİRİNCİ BÖLÜM

DİKİŞ KAFA'NIN KARARI
(sıcak hava dalgası)

ÇILGIN FİKİRLER NO. 848

"Doğru yerdeki dikiş bir yüzü kurtarır."
Profesör Erasmus Erasmus'un
Bilimsel Yazıları'ndan

Dikiş Kafa, nereye gittiğini bilmeden şatonun içinde ilerledi. Kendisine ödünç verilen hayatı efendisinin onu hatırlayıp aramaya geleceğini umarak geçirmişti. ATLA VE SALLAN oyununun yarattığı utancı geride bırakmış, kendisini hiç olmadığı kadar yalnız hissediyordu. Her şey boşunaydı –hiç gelmeyecek bir anı bekleyip durmuştu.

Çok geçmeden kendisini şato surlarının dışında buldu, karanlık geceye adım atıp atmamak konusunu bir kez olsun düşünmemişti.

Dolunay gökyüzünü dolduruyordu. Dikiş Kafa derin bir nefes aldı. Kendini her zamankinden daha küçük hissederek yıldızlara baktı. Buz mavisi renkteki gözleri yaşlarla parıldadı.

O anda bir şeyin gökyüzünden düşmekte olduğunu fark etti. Ellerini uzattı.

Kar mı yağıyordu?

Kesinlikle bir şey yağıyordu! Yağıyordu! Ama...

Poster yağıyordu.

Dikiş Kafa yeniden baktı. Gökyüzünden aşağı poster yağıyordu! Hem de düzinelerce... hatta yüzlerce! Uzandı ve bir tanesinin eline konmasına izin verdi. Postere bakarken midesinin korku ve heyecanla büzüştüğünü hissetti –dikiş yüzü ona bakıyordu. Evet, resimdeki kendisiydi. Resmin altında ise şöyle yazıyordu:

Onun posteriydi! Unutulmaz Dikiş Kafa'nın posteri! Sanki biri zihnine girip bu posteri rüyalarından ödünç almıştı!

"Dikiş Kafa, sevgili oğlum!" diyen tanıdık bir ses duydu. "Müthiş derecede korkutucu arkadaşım benim!"

Dikiş Kafa yeniden kafasını kaldırıp baktı. Orada, karanlık gökyüzünde süzülen geniş, yuvarlak şekli görebiliyordu. Bir balona benziyordu ama

FULBERT UCUBEBULUCU'NUN DOĞAL OLMAYAN MUCİZELER KARNAVALI GURURLA SUNAR

UNUTULMAZ
DİKİŞ KAFA

İNSAN YAPIMI KORKUNÇ ÇOCUK
HAFIZALARDAN SİLİNMEYECEK BİR DENEYİM
BU KORKUYU ASLA UNUTAMAYACAKSINIZ

canavar gibi kükrüyordu. Uçmakta olan, geniş boyuttaki balonumsu şey yakınına ulaştığında altındaki büyükçe sepet gözüne çarptı. Ve sepetteyse...

"Fulbert Ucubebulucu!" diye bağırdı Dikiş Kafa.

"Buna ne diyorsun peki? *Sıcak hava balonu* olduğunu söylüyorlar– seyahat etmek için tek yol!" diye güldü. "Bununla dikkatini çekebileceğimi düşündüm! Ha bu arada posterlerim hakkında ne düşünüyorsun? Her birinin dünyanın en unutulmaz şovuna yetişmesi için matbaa çalışanlarım gece gündüz demeden çalıştılar!"

"Dünya üzerindeki en unutulmaz şov..." diye tekrar etti Dikiş Kafa.

"Neler oluyor burada? Dikiş Kafa, bu da kim?" diye bağırdı Yaratık. Dikiş Kafa'yı takip etmiş, ancak dolunayda dışarı ayak basmaya cesaret edememişti.

"Bu son şansın evlat! Seni dünyanın en ünlü ucubesi yapabilirim!" diye devam etti Ucubebulucu. "Ama sonsuza dek bekleyemem. Tekrar gelmeyeceğim –bu tek seferlik bir teklif! İzin ver de sana sadece rüyalarında görebileceğin bir yaşam sunayım!"

"NEDEN bahsediyor bu adam böyle? GİTMİYORSUN

değil mi?" diye sordu Yaratık, endişeyle.

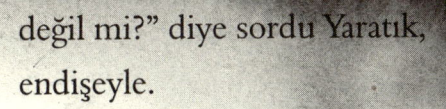

"Ben – ben..." diye söze başladı Dengeleyici. Önce postere, sonra da Yaratık'a baktı. Profesörün ona bakan gözlerini hatırladı. Profesörün odasında, toz ve örümcek ağı toplayarak asla gerçekleşmeyecek bir şeyi beklemekle geçen onca yılı anımsadı. Asla hatırlanmayacaktı, en azından burada gerçekleşmeyecekti. Grotteskew bunun yeri değildi. Artık burada, bu şatoda saklanmayacak, profesörden kaçmayacaktı. Çok geçmeden rüyasını hatırladı. Kendini hayranlıkla izleyen kalabalığın çığlıkları zihninde yankılanıyordu. Kafasını kaldırıp baktı, buz mavisi gözü ayışığında parıldıyordu.

"Seninle geliyorum!" diye bağırdı.

╫╫╫╫╫╫╫╫╫╫╫╫╫╫╫╫╫╫╫╫╫╫╫╫╫

Çok geçmeden Yaratık feryat etti. "Dikiş Kafa gidemezsin! Birbirimizin en iyi arkadaşıyız!" Dikiş Kafa şatonun merdivenlerini hızla inerken Yaratık hâlâ bu sözleri tekrar ediyor, sesi kısılıncaya dek bağırıyordu. "Ben de seninle geliyorum!" Yaratık peşinden gelmeye çalıştı, ancak Dikiş Kafa Büyük Kapı'ya giden çok sayıda kestirme yol biliyordu. Duvardaki çatlaklardan birinden geçerek karanlıkta gözden kayboldu. Profesörün laboratuarına ulaştığında Yaratık'ın çığlıklarını duyabiliyordu. Durmadı, efendisi "Yaşa! Yaşa diyorum!" diye bağırdığında bile durmadı.

Dikiş Kafa Büyük Kapı'ya ulaştı ve sandığın üzerine çıktı. Büyük Şato Anahtarı'na uzandı ve tüm gücüyle anahtarı kilidinde çevirdi. Yüzlerce yıldır çevrilmemiş anahtar, kilidin içinde çatırtıya benzer bir ses çıkardı. Dikiş Kafa kapıyı büyük bir güçle itti, ta ki kafasındaki dikiş yerleri patlayacakmış gibi bir hisse kapılana dek. Gacur gucur eden kapı nihayet hareket etmeye başlamıştı. Kapı sonsuzluk gibi gelen bir süre boyunca yere sürtündü ve gürültü çıkardı ta ki Dikiş Kafa aniden durup kafasını kaldırana dek.

Kapı nihayet açılmıştı.
Dikiş Kafa aşağısında uzanan kasabaya, ötesindeki tepeler ve ay ışığında parıldayan uçsuz bucaksız okyanusa baktı. Hiçbiri artık gözüne eskisi kadar korkutucu görünmüyordu. Uzun, derin bir nefes aldı ve kapıdan dışarı adımını attı.

Hayatında ikinci kez özgürlüğüne kavuşmuştu. Ancak öncekinden farklı olarak bu defa şatonun kendisinden kurtulmuştu… ve tabii profesörden de.

Sıcak hava balonu yere henüz inmişti. Ucubebulucu tuhaf görünümlü kişilerden oluşan bir grupla beraber sepetten aşağı indi. Grupta bulunan uzun boylu, sert mizaçlıymış gibi görünen biri geniş bir çuvalı sırtlanmıştı. Çuval içinde vahşi bir köpek varmış gibi eğilip bükülüyor ve hırlama sesleri duyuluyordu. Yüzüne gülümsemesini takınan Ucubebulucu, kendinden emin adımlarla Dikiş Kafa'ya doğru ilerledi. Yanına geldiğinde ona kollarını uzattı.

"Sonunda geldin demek! Aferin sana evlat!" diye haykırdı Ucubebulucu, ellerini mutlulukla çırparak.

"Ben – ben seninle gelmek istiyorum," dedi Dikiş Kafa. "Gezici karnavalına katılmak ve unutulmaz… olmak istiyorum."

Ucubebulucu sırıttı. Dikiş Kafa onun daha önce hiç böyle sırıttığını görmemişti.

"Seni beraberimde götüreyim ha!" diye kıkırdadı. "Seni *aptal* küçük yaratık… neden böyle bir şey yapmak isteyeyim ki?"

ON İKİNCİ BÖLÜM

ARABELLA
(Ucubebulucu'nun esas planı)

Grotteskew, beni nasıl da korkutuyorsun!
Dur biraz bundan bahsedeyim.
Beni karanlıktan başlayıp
Gün ağarıncaya dek korkutuyorsun.
Ve o zaman bile senden
Fazlasıyla korkuyorum.
Sana her baktığımda,
Altıma yapıyorum!

"Ne? Hiçbir şey anlamıyorum..." diye fısıldadı Dikiş Kafa, Ucubebulucu kahkahasını yüzüne doğru savururken. "Ama sen demiştin ki..."

"Sana ne dedim ki? Seni bir yıldız yapacağımı mı? Ha!" diye karşılık verdi Ucubebulucu alay edercesine. "Sonsuz sayıda canavarımsı ucubelere sahip olmak varken neden senin gibi küçük bir mızmızla uğraşayım ki?"

"Ama, anlamıyorum. Sen – sen demiştin ki..." diye söze başladı Dikiş Kafa, posterlerden birini eline alıp umutsuzca sallayarak.

"Ne demişim ben?" diye çıkıştı Ucubebulucu. "Unutulmaz olduğunu mu? Senin hakkında unutulmayacak tek şey şatoya girmeme izin vermendi –çok zaman harcama gereği duymadan. Gerçekten senin sayende büyük bir servet edineceğimi mi düşündün –yüzünde birkaç dikiş olan ufak tefek silik biriyle mi? Hay bin kunduz, o dikişlerle iki kediyi birbirine bağlayıp etraftakilere Siyam İkizleri diye yuttururum ancak."

"Ama –ama söz vermiştin!" diye sızlandı Dikiş

Kafa. Sonradan edindiği hayatı paramparça olurken.

"Asıl önemli noktayı kaçırıyorsun," diye tersledi Ucubebulucu. "Canavarlar istiyorum ben! Ve onların sipariş üzeirne yaratılmasını istiyorum. Saygısız, küçük bir kız bana bu şatoda çok sayıda canavar, yaratık ve bunun gibi bir sürü *çılgın şey* yapan bir profesörün yaşadığını söyledi. Tanıştığımız günü hatırlıyor musun? Sana bunun doğru olup olmadığını sormuştum. O gülünç mavi gözlerinden bunun doğru olduğunu anlamıştım. Ne yapıp ne edip bu şatoya girmeliydim. Gizlice içeri girmeyi denedim, ama beni durdurdun! Ben de bu yüzden içeri girmek için seni kullanmaya karar verdim. Sana duymak istediğin şeyleri söyledim... Gerçi biraz zaman alacaktı ama biraz uğraştığımda senin er ya da geç kapıyı açacağını biliyordum. Bak –işte buradayız!"

Dikiş Kafa yeniden açık kapıya göz attı. Kandırılmıştı! Ucubebulucu onun unutulmaz olduğunu düşünmemişti –hiçbir zaman düşünmemişti. O sadece profesörü istemişti. Dikiş Kafa ani bir hamlede bulunarak Büyük Kapı'yı kapatmaya çalıştı.

"Ah hayır, böyle bir şey yapmayacaksın!" diye bağırdı Ucubebulucu, minik Dikiş Kafa'yı ensesinden tutarak. Onu havaya fırlatıp bacağından yakaladı. Dikiş Kafa gün içerisinde ikinci kez kendisini havada sallanırken buldu. Kendini kurtarmaya çalıştı ama faydası yoktu.

"Şimdi, yardımcılarım ve ben senin profesörü şatosundan alacağız ve kendisine daha fazla kâr getiren işlerle uğraşmasını sağlayacağız," dedi Ucubebulucu hırsla. "Düşlediğim her çeşit ucubeyi yaratacak."

"Ne dedin sen? O sana asla yardım etmez!" diye açıkladı Dikiş Kafa. "Para için deney yapmıyor –çılgın bilimin yararına yapıyor!"

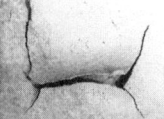

"Öyle mi?" diye homurdandı Ucubebulucu. "Pekâlâ, o zaman şunu baştan söyleyeyim, 'Hayırı' cevap olarak kabul etmem. İşte bu yüzden istediğim şeye ulaşmak üzere ilerlediğim yolda karşıma kimsenin çıkmayacağından emin olacağım. Anlayacağın üzere bu duvarların arkasında ne var bilmiyorum ama canavarlarla dolu bir şatoyu ele geçirecek kadar çılgın olmadığımın farkındayım!"

Ucubebulucu Dikiş Kafa'yı havaya fırlattı. Dikiş Kafa eğilen bükülen, hırlayan çuvalı taşıyan uzun boylu adamın önüne sert bir iniş yaptı. Ardından acıyla ayağa kalktı.

"Ne... bu da nedir?" diye fısıldadı.

"Göster ona Maurice," dedi Ucubebulucu. Dikiş Kafa uzun boylu adam çuvalı başaşağı boca ederken izledi – ve içinden bir kız düştü.

"Ah!" diye bağırdı kız, ayağa kalkmaya çabalarken. "Sizi iğrenç-kokuşmuş keçiler! Acıdı! Büyükannem çok geçmeden sizi mahvedecek, sizin o iğrenç kokuşmuş beyinlerinizi ezecek!"

"Dikiş Kafa, Arabella ile tanış, adın buydu değil mi?" dedi Ucubebulucu, kız zorlukla ayağa kalkarken. Üzerindeki tozları silkelediği sırada kendisini izleyen Dikiş Kafa'yı fark etti.

"Neye bakıyorsun öyle?" diye söylendi. Kızın boyu Dikiş Kafa'nın iki katı uzunluktaydı; ince telli, dağınık sarı saçları vardı ve Dikiş Kafa'nın tuhaf görüntüsünü fark etmemiş gibiydi. "Daha önce çuvaldan düşen bir kız görmedin mi hiç?"

"Büyüleyici değil mi?" diye güldü Ucubebulucu. Kızı ensesinden yakaladı. Havaya tekmeler savuran kızı kol mesafesinde tutuyordu. "Onu… Chuggers Nubbin'in iyi insanlarından *ödünç aldım.*"

"*Grubbers* Nubbin, seni domuz suratlı şişko! Şimdi bırak da gideyim, yoksa dişlerini kıracağım!" diye söylendi kız, Ucubebulucu'nun ayakkabılarına tükürerek. Dikiş Kafa daha önce cinsiyeti kız olan bir insan görmemişti. Hepsi böylesine kızgın mıydı acaba? Ve tanrı aşkına Ucubebulucu ondan ne istiyordu?

"Kapa çeneni seni küçük mızmız, yoksa seni yine o çuvalın içine sokarım!" diye bağırdı Ucubebulucu, Arabella'yı boynundan sarsarak. "Az önce dediğim gibi, profesörün canavarlarla dolu şatosunun üstesinden gelebilmek için işe yarar bir yönteme ihtiyacım vardı. Sence öfkeli insan kalabalığından daha güzel bir yol olabilir mi?"

"Öfkeli… kalabalık mı?" diye tekrar etti Dikiş Kafa.

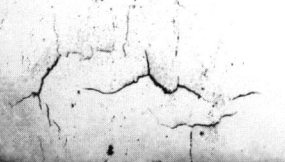

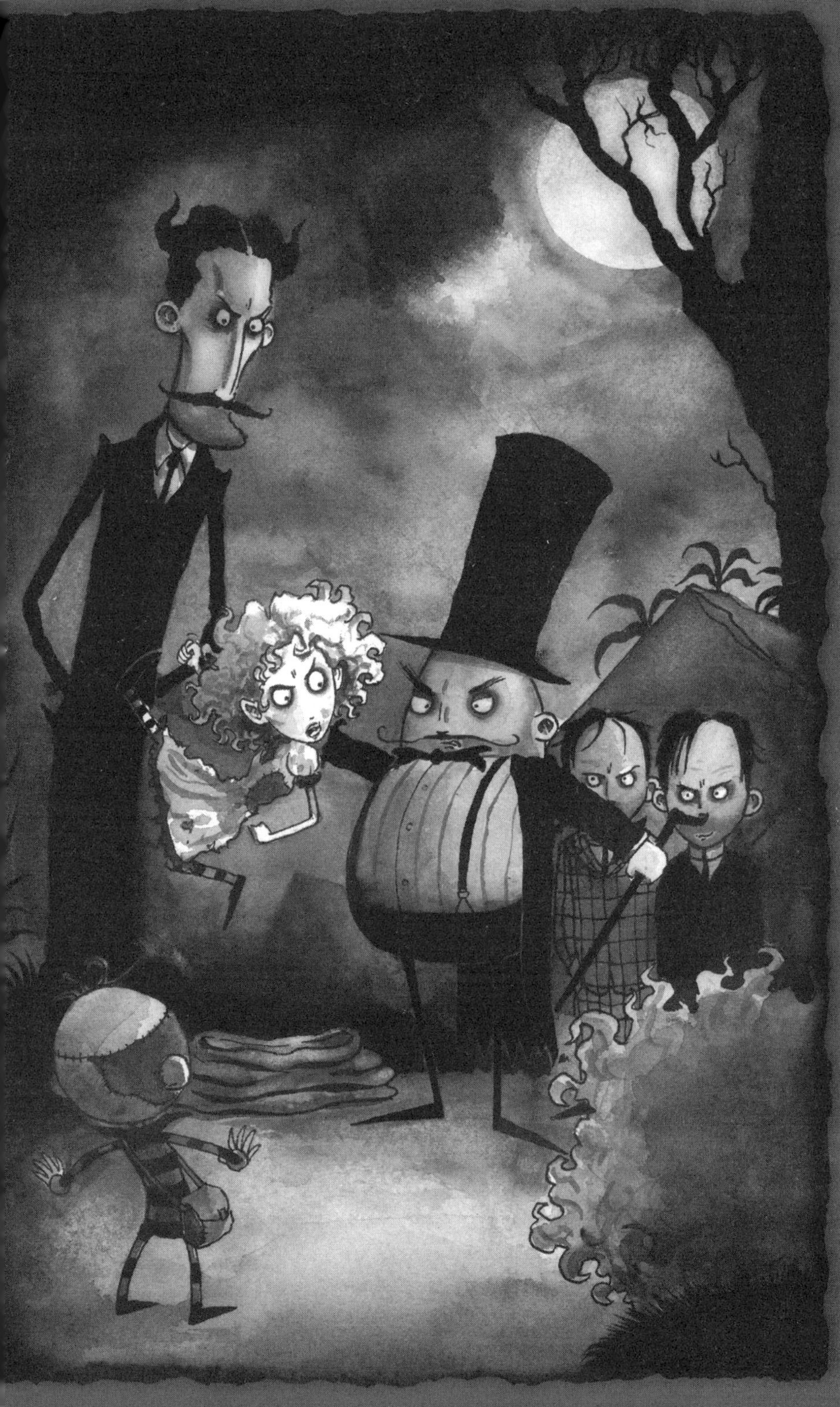

"Evet – oldukça öfkeli, görünen o ki," diye sırıttı Ucubebulucu. "Görüyorsun ya bu kötü ağızlı kızı kaçırdıktan sonra kasaba halkına onun Grotteskew canavarlarından biri tarafından esir alındığını söyledim… ve kendisini bekleyen kötü kaderi için şatoya getirildiğini."

"Seni ter kokan, domuz kafalı yalancı!" diye çığlık attı Arabella, havayı vahşice tekmeleyerek. "Senin burnunu ısırarak kopartacağım!"

"Hay bin kunduz, ne kadar kaba bir çocuk bu böyle," diye iç geçirdi Ucubebulucu. "Ama bak! O tepede beliren turuncu renkteki ışığı görüyor musun? İşte sözünü ettiğim intikam almaya gelen kızgın halk bu."

Dikiş Kafa kafasını kaldırıp ufka baktı. Ateşli bir pırıltı karanlığı aydınlatıyordu. Rüzgârın taşıdığı öfkeli haykırışları duyabiliyordu. İnsanlar… onlardan oluşan bir ordu! Dikiş Kafa'nın en büyük kâbusuydu, korktuğu o an gelmişti. Profesör bitmişti ve artık yapabileceği hiçbir şey yoktu.

Grubbers Nubbin'in insanları Grotteskew şatosunu yok etmek için geliyorlardı.

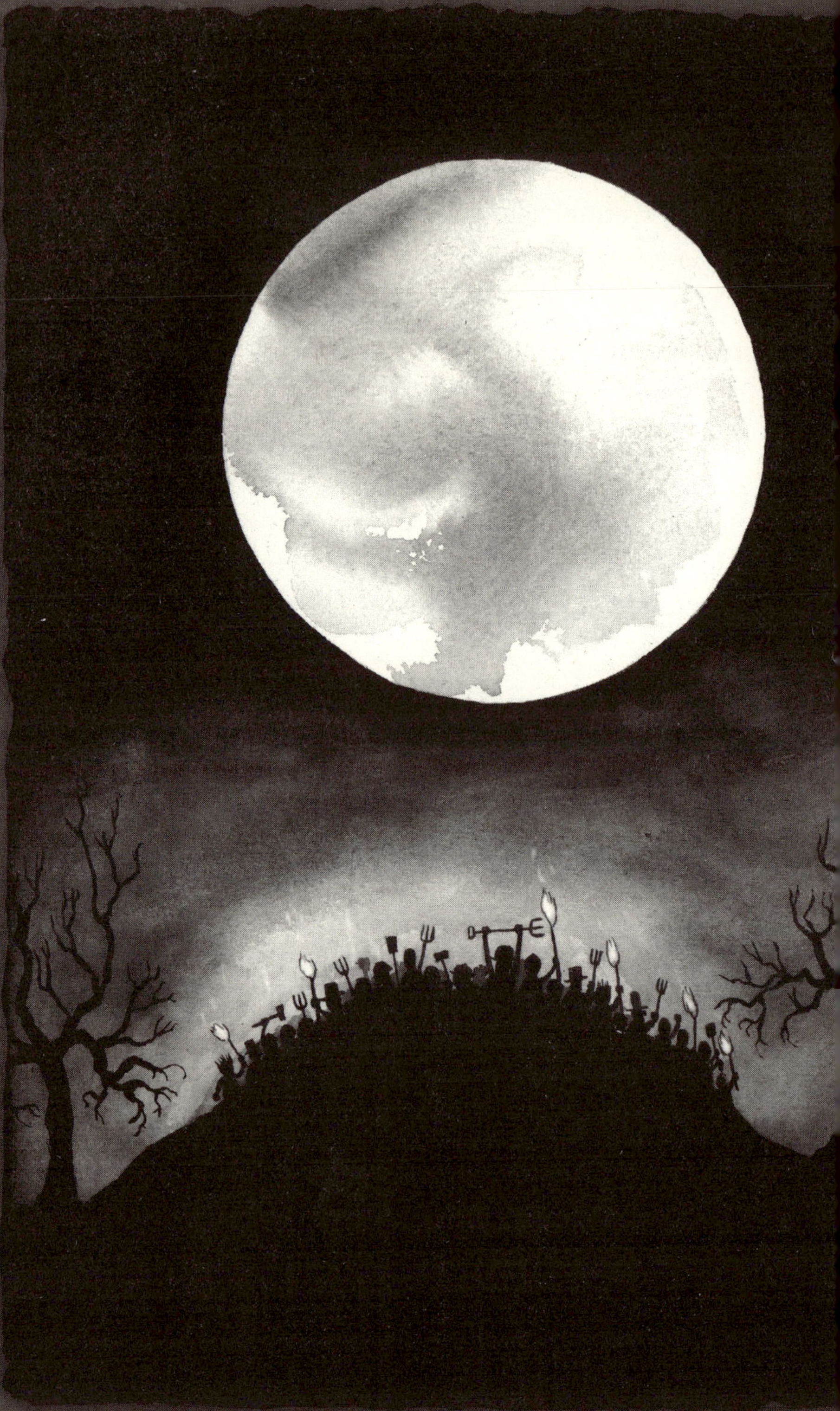

ON ÜÇÜNCÜ BÖLÜM

PLANLAR VE İKSİRLER
(Dikiş Kafa bir çıkış yolu buluyor)

Fulbert Ucubebulucu'dan
ÖFKELİ KALABALIK NASIL YARATILIR?

İhtiyacınız olanlar:
Dirgenler
Meşaleler
İnsanlarla dolu bir kasaba
1 küçük çocuk
1 çuval
1 en mükemmel yalan

"Maurice!" diye bağırdı Ucubebulucu, Arabella'yı yere bırakarak. "Kızı ve silik kafayı çuvala koy – kaçıracaklar listemizde bir de profesör var!"

"Hayır, lütfen yapmayın – efendiyi almayın... size yalvarıyorum!" diye feryat etti Dikiş Kafa, kasaba halkının meşalelerinden yayılan kızgın ışıkların hareket edişini görebiliyor, intikam çığlıkları daha da yükseliyordu.

"Ne kadar yalvarırsan yalvar," diye alay etti Ucubebulucu. "Kendine sürüneceğin yeni bir şato edin– çünkü bu ele geçirilmek üzere."

Her şey bitmişti. Öfkeli kalabalık çok geçmeden şatoya ulaşacak, Ucubebulucu profesörü kaçıracaktı. Yapabileceği hiçbir şey yoktu.

"Ben o çuvala girmem!" diye çıkıştı Arabella – ve sertçe Ucubebulucu'nun ayağına bastı. Adam acıyla çığlık attı, Arabella ise zaman kaybetmeden karnına sert bir yumruk indirdi. Ucubebulucu göbeğini tutarak yere kapaklandı.

"Eveet! Şimdi kim gülüyor seni şişman şişko göbek?" diye hırladı Arabella.

"SENİ YARAMAZ YUMURCAK! Hay bin kunduz, yakala onu!" diye bağırdı acıyla kıvranan Ucubebulucu. Arabella kaçmaya çalıştı ama Bükük Doktor, Madam Bıyık ve Başaşağı İkizler çevresini sardı.

"Siz domuz kafalar büyükannenizi bile korkutamazsınız! Hepinizle başa çıkacağım!" diye bağırdı Arabella, ancak bir başınaydı. Hepsini durdurması mümkün değildi.

Dikiş Kafa yardım etme ihtimaline karşı korkuyla etrafına baktı. Ne yapabilirdi ki? Elini aniden göğsünde taşıdığı iksir çantasına götürdü. Bunları insanların üzerinde kullanacağı aklının ucundan dahi geçmezdi. Neler olabileceğini kim bilebilirdi ki?

İşime yarar bir şeyler olmalı, diye düşündü. Çantadan iki şişe çıkarıp etiketlerini okudu.

"Yaratık Sakinleştirici Krem, Vahşiliği Yatıştırıcı Merhem," diye fısıldadı. "Öyle… değerliler ki!"

Ucubebulucu'nun yardımcıları Arabella'nın etrafını sarınca Dikiş Kafa şişeleri hızla salladı. Tıpaları dolduran sıvı köpükler halinde taşmaya başladı, turuncu ve sarı renkteki duman etrafı sarıyordu. Dikiş Kafa dişlerini sıktı...

"Hey!" diye bağırmasıyla şişeleri fırlattı. Şişeler Madam Bıyık'ın önüne düştü ve parlak turuncu – sarı renkteki yoğun duman havaya karıştı.

"Hey! Müthiş plan nedir?" dedi Madam Bıyık, duman onu ve grubunu sararken. "Seni lanet olası silik şey! Parçalayacağım sizin... sizin... beyinleriniziii..."

Parlak dumanları soluyan Madam Bıyık dalgalı bir denizdeymiş gibi sallanmaya başladı. Esnemesinin ardından sırasıyla bıyıkları ve kendisi yere düşerek uykuya daldı.

"Nee- neler oluyooo...?" diye mırıldandı Bükük Doktor, göz kapakları ağırlaşmıştı. Başaşağı

İkizler'in üzerine düştü, hepsi domino taşı gibi devrildi – ve horlamaya başladı.

"Dumandan sizi tembel herifler! Sizi ilaçladı!" diye söylendi Ucubebulucu, ağzını bir mendille kapatmıştı. "Nefesinizi tutun!"

Dikiş Kafa doğruca Arabella'ya koştu. Kız da iksir bulutunun etkisini hissetmeye başlamıştı.

"Senin… gözlerini oyacağım… şişko," diye mırıldandı esneyerek. Yalpalamaya başladığı sırada Dikiş Kafa kızı elbisesinden yakaladı.

"KOŞ!" diye bağırdı, onu çaresizce şatoya çekiştirirken.

"Bana… emir… verme…" diye belli belirsiz bir şeyler geveledi kız, koşarken sendeliyordu. "Burnunu…. Sıkarım…"

"Sizi lanet olası küçük mızmızlar! Buraya gelin!" diye haykırdı Ucubebulucu, mendiliyle hâlâ ağzını kapatıyordu. Zorlukla ayağa kalkıp onları takip etti.

Dikiş Kafa Arabella'yı Büyük Kapı'dan içeri sürükledi ve duvara yasladı. Hemen ardından kuvvetlice ittiği kapı yavaşça kapanmaya başladı…

"Hiç şansın yok!" diye haykırdı Ucubebulucu, ayağını kapı aralığına sıkıştırarak. İçeri uzandı ve şişko parmaklarıyla onları tutmaya çalıştı. "Girin o çuvalın içine sizi mızmızlar!"

"Senin kulaklarını… kopartacağım… pasta suratlı…" diye mırıldanan Arabella, uyuşmuş bir şekilde ileri atılıp Ucubebulucu'nun elini ısırdı.

"Ahhh! Seni lanet olası küçük mızmız!" diye çığlık attığı sırada Dikiş Kafa Arabella'yı yeniden tuttu.

"Gel! Lütfen, Koş!" diye bağırdı Dikiş Kafa, onu

avludan geçip şatonun içindeki karanlığa doğru sürüklerken.

"Hay bin kunduz, kaçsanız iyi edersiniz! Sizi bir daha görürsem, sonunuz olur!" diye söylendi Ucubebulucu öfkeyle. Müthiş bir kuvvet ittiği Büyük Kapı'yı ardına kadar açtı. Ellerini ovuşturdu, sonra şaşkın haldeki yardımcılarına döndü.

"Uyanma zamanı sizi tembel tenekeler! Kalabalık yolda ve daha kaçırmamız gereken bir profesör var…"

ON DÖRDÜNCÜ BÖLÜM

UYANIŞLAR VE BAŞLANGIÇLAR
(harekete geçme zamanı)

ÇILGIN FİKİRLER NO. 121

"İksirini adanmışlıkla karıştır."

Profesör Erasmus Erasmus'un Bilimsel Yazıları'ndan

Dikiş Kafa Ucubebulucu'nun onları takip etmediğinden iyice emin olunca Arabella'yı yere oturttu. Kızın uyuması an meselesiydi. Onun kendine gelmesini sağlamalıydı. Ama bunu nasıl yapacaktı? İşine yarayan bir şeyler bulmak umuduyla çantasını karıştırdı. Sonunda küçük kırmızı bir şişe çıkarıp etiketine göz attı.

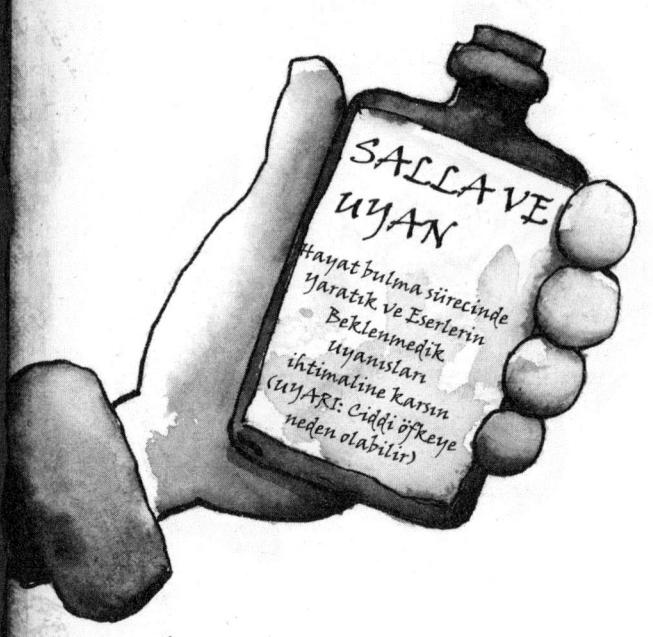

SALLA VE UYAN

Hayat bulma sürecinde Yaratık ve Eserlerin Beklenmedik uyanışları ihtimaline karşın (UYARI: Ciddi öfkeye neden olabilir)

"İşe yarayabilir…" diye fısıldadı. "Ve zaten öfkeli, işte bu yüzden…" şişenin tıpasını açtı ve sıvıyı dikkatli bir şekilde Arabella'nın burnuna sürdü.

"AHHH! Senin dişlerini kıracağım!" diye bağırdı Arabella, kendine gelmişti. Yumruklarını sıkmış, öylece bekliyordu. Dikiş Kafasına vurmasıyla Dikiş Kafa koridorun diğer ucuna uçtu.

"Bekle! Dur!" diye bağırdı Dikiş Kafa, ayakları üzerinde durmak için çabalarken iksiri dökmemeye çalışıyordu. Tıpayı geri taktı ve dikişlerini kontrol etti. "Kendini nasıl – nasıl hissediyorsun?"

"Bir Ucubebulucu ordusunu tek başıma alt edebilirmişim gibi!" diye kükredi kız. "O nerede? Onun parmaklarını kopartacağım!"

"Nerede olduğunu bilmiyorum… ancak Büyük Kapı açık ve Grubbers Nubbin halkı buraya yaklaşıyor!" diye yakındı Dikiş Kafa. "Ne yapacağımı bilmiyorum!"

"Pekâlâ, mızmızlanarak bu işi çözemeyiz," dedi Arabella kızgınlıkla. "Adım Arabella. Şimdi bana adını söyle yoksa sana 'Dikiş Kafa' diyeceğim."

"Aslında adım bu, yani Dikiş Kafa. O bana Dikiş Kafa adını verdi."

"Kim verdi?" diye sordu Arabella.

"Efendim! Profesör… Ve ben ona ihanet ettim!

Herkese ihanet ettim," diye sızlandı Dikiş Kafa. "Sadece hatırlanmak istedim, hepsi bu. Şimdi profesörü alacak ve şatoyu yakacaklar!"

"*Ağlamak yok* demiştim sana, değil mi?" diye çıkıştı Arabella ancak Dikiş Kafa'nın dizleri üzerine çöktüğünü görünce elini omzuna koydu ve ekledi, "Bak, kötü şeyler olabilir... Senin suçun yok biliyorum."

"Hepsi benim... benim hatam!" dedi Dikiş Kafa hıçkırıklara boğularak.

"Hayır, değil," diye karşılık verdi karanlıktan gelen bir ses. "Hepsi BENİM hatam."

Arabella etrafına bakındı. Karanlıkta bir canavar belirdi. Dev gibi bir yaratıktı, tek gözü ve üç kolu vardı. Öyle korkutucu görünüyordu ki kâbus gibiydi. Korkunç olan şeylere karşı beslediği sevgi Arabella'nın çığlık atmasına engel oldu.

"Yaratık!" diye bağırdı Dikiş Kafa, yüzündeki yaşlarını silerek.

"Seni buldum! Ah en iyi arkadaşını terk edip gitmeyeceğini biliyordum!" dedi Yaratık, Dikiş Kafa'yı iki koluyla sararak.

"Bir dakika, bu senin arkadaşın mı?" diye sordu Arabella.

"Şey… evet," diye yanıtladı Dikiş Kafa.

"Çok özür dilerim Dikiş Kafa!" diye haykırdı Yaratık. "Atla ve Sallan dansı yaptığında profesörün seni hatırlayacağını düşünmüştüm. Böylece her şey HARİKA olacaktı. Kaçıp sirke katılmanı istememiştim!"

"Ah, Yaratık, Ucubebulucu şatoyu yerle bir edecek. Profesörü kaçıracak!" diye bağırdı Dikiş Kafa. "Ne yapacağım şimdi ben?"

"Bilmiyorum!" diye sızlandı Yaratık. "Bir kez yardımcı olmaya çalıştım, onda da işler pek iyi gitmedi."

"Buradaki herkes mızmız mı?" diye homurdandı Arabella. "Şu anda tam buradayım ve Ucubebulucu'nun o kocaman şişko burnunu pataklamadan hiçbir yere gitmiyorum. Her neyse, bu şato yüz çılgın canavarla dolu değil mi? Öfkeli bir kalabalığı altına yapmalarına neden olacak şekilde korkutabilirler!

"Hımm, aslında, hiçbirimiz göründüğümüz kadar korkutucu değiliz," diye itiraf etti Yaratık. "Yapacak başka bir şey yok – bir an evvel buradan çıkmalıyız!"

"Hayır," dedi Dikiş Kafa, gözyaşını silerek. "Kaçmak yok. Bunu sonlandırmanın bir yolunu bulmalıyız. Onlarla yüzleşmeliyiz."

"Yüzleşmek mi? Delirdin mi sen! Asla olmaz! Bizi canlı canlı yerler!" diye bağırdı Yaratık.

"Bizi yerler..." diye fısıldadı Dikiş Kafa, çantasına göz atarak. Çantasından sarı renkte bir sıvıyla dolu, yuvarlak bir şişe çıkardı. "İşte bu! Sanırım – sanırım bir *fikrim* var..."

"Zamanı gelmişti," diye alay etti Arabella. "Biraz gürültü... ya da en azından patırtı çıkarsa iyi olur."

"O şişelerde ne olduğunu bilmiyorum," diye ekledi Yaratık, "ama içlerinden biri bizi GÖRÜNMEZ yaparsa iyi olur."

"Hayır – artık kaçmak yok," dedi Dikiş Kafa kendinden emin bir tavırla. "Seni yeniden *korkutucu* birine dönüştüreceğiz."

ON BEŞİNCİ BÖLÜM

GROTTESKEW ŞATOSU KUŞATMASI
(dolunaydan faydalanmanın yolları)

Evde kalıp dua edenlerin
Ölüm günlerine dek güvende olmalarını sağla.
Ne var ki Grotteskew'a giderseniz,
Canavarlar sizi yer!

Dikiş Kafa öfkeli kalabalığın Grotteskew Şatosu'nu ele geçirmesine engel olmak için planlar yaparken, Fulbert Ucubebulucu yardımcılarını uyandırmak için uğraşıp duruyordu.

Çok geçmeden horlama sesleri yaklaşan kasaba halkının haykırışlarına karışıp kayboldu.

"Hay bin kunduz, ya şimdi ya asla!" diye homurdandı Ucubebulucu. Bükük Doktor'un çuvalını aldı, Büyük Kapı'dan hızla geçip avluya çıktı. "Umarım canavarlar pençelerini üzerime geçirmeden profesöre ulaşabilirim…"

Ucubebulucu, Grotteskew'un bütün canavarlarının korkuyla saklanacak yer aradıklarını bilseydi, endişelenmesine gerek olmadığını fark ederdi. Dikiş Kafa, Arabella ve Yaratık Büyük Kapı'ya ilerlerken, profesörün eserlerinin panikle etrafta koşturduğunu gördüler.

"Geliyorlar! Herkes kendisini kurtarsın!"

"İnsanlar! *İnsan* olmak zorunda mıydı yani?"

"Çabuk! Batı kanadına!"

"Hayır, doğu kanadına!"

"Hayır, kuzey kanadına!"

"Kuzey kanadı yok ki!"

Öfkeli kalabalık çoktan şatoya ulaşmıştı. Yüzlerce kişi ellerinde diren, kürek, balta ya da yanan meşale sallarken bir yandan da kulakları sağır eden çığlıklar atarak *ölüm ve yıkım isteriz* diye bağırıyorlardı.

"Torunumu geri verin bana sizi canavarlar, yoksa kulaklarınızı koparıp burun deliklerinizden içeri sokarım!" diye feryat etti Arabella'nın büyükannesi, kalabalığa öncülük ediyordu. Büyük bir ordunun komutanı gibi şatoya ilerlerken eteğini hafifçe topladı. Tehlikeli, nefret dolu (aksi halde hoş) kasaba halkı boş avluya döküldü. Çılgın Profesör Erasmus'un düzinelerce deneyini yerle bir etmeye yetecek kadar öfke ve deliliğe sahip kalabalık haykırıyordu.

"Madem işin içinde saklanmak yok, o zaman bu plan ne işe yarayacak Dikiş Kafa?" diye fısıldadı Yaratık, korkuyla titreyerek. Dikiş Kafa ve Arabella avlunun hemen dışında, kalabalıktan sadece tek bir ahşap kapıyla ayrılan küçük bir odada birbirlerine sokulmuş bekliyorlardı.

"Öncelikle, bunu iç," diye talimatta bulundu Dikiş Kafa, sarı yuvarlak şişeyi Yaratık'ın üçüncü eline yerleştirerek. "Bu, olayların... çığrından çıkmasını engelleyecek."

"Neden herkes her zaman işlerin çığrından çıkmasını engellemeye çalışır?" dedi Arabella.

"Tadı üzüm gibi! Sanırım. Hiç ÜZÜM yedim mi acaba?" diye sordu Yaratık, sıvıyı yudumlarken. "Peki bu ne işe yarayacak? Beni GÖRÜNMEZ mi yapacak? Çünkü öylesi ŞAHANE olurdu."

"Hımm, pek sayılmaz aslında..." diye yanıtladı Dikiş Kafa, "ama bu senin insan yeme sorununu bir şekilde çözmeli."

"İNSAN YEMEK mi? İĞRENÇ! Neden İNSAN YEMEK isteyeyim ki?" dedi Yaratık dehşete düşmüş bir halde.

"Çünkü bu akşam dolunay var," diye yanıtladı onu Dikiş Kafa. "Ve bu gece dışarıda sana ihtiyacım var."

"NE?" diye haykırdı Yaratık, dehşete düşmüş bir halde.

"Ama bana dolunaydan uzak durmam gerektiğini söylemiştin – ne olursa olsun. Ve ikincisi – hiç DİKKAT etmiyor musun? Dışarıda öfkeli bir kalabalık var!"

"Aynen," dedi Dikiş Kafa. "Lütfen Yaratık, bu tek yol. Güven bana. Seni dolunay zamanı görmüştüm – efendim senden bir canavar yarattı."

"Çılgınlığı epey severim," dedi Arabella. "Ama sence de onların iyi olduğumu bilmeye ihtiyacı yok mu?"

"Bunun için çok geç," diye karşılık verdi Dikiş

Kafa. Dişlerini ve yumruklarını sıktı. "Bu işe bir an evvel son vermeliyiz. Grubbers Nubbin insanları gerçeği öğrenmek zorunda… *Ziyaretçi yasak*. Bir araya gelip ilk ve aynı zamanda sonuncu kez onlara karşı net bir tavır takınmalıyız."

"Tamam, söylediğini yapacağım, ancak sırf benim en iyi arkadaşım olduğun için," dedi Yaratık cesur bir tavırla. Küçük ahşap kapının önünde durdu, derin bir nefes aldı – ve sonra kapıdan dışarı adım attı.

"Hımm, merhaba…!" diye bağırdı Yaratık tiz bir sesle, gergin bir şekilde ay ışığının aydınlattığı avluya adımını atarken. Öfkeli kalabalık oldukları yerde kalakaldı. Bir an için zaman durmuş gibiydi. Sonra:

"Canavarı yakın!"

"Her şeyi yakın!"

"Tanımadığımız herkesi yakın!"

"Şatoyu yıkın!"

"YIKIN!"

Bu manzara karşısında korkmuş görünen Yaratık, saklanmak için güzel karanlık bir köşe bulmak varken neden burada durup arkadaşımı dinliyorum diye düşündü. Ancak dolunayın tam altındaki yerini aldığında her şey değişti. Yaratık büyümeye başladı. Kalın bir kürk vücudunu kapladı. Uzun, sivri dişler ortaya çıktı ve parmaklarında pençeler belirdi.

Ayın varlığıyla çıldıran Yaratık'ın kulakları sağır eden kükremesiyle etraftaki meşaleler söndü, camlar kırıldı ve şatonun duvarlarıyla zemininde yer yer çatlaklar oluştu. Kalabalığa doğru ilerledikten sonra kasaba halkını sırasıyla etrafa fırlatarak yolunu açtı. Dehşete düşen kalabalık kaçışmaya başladı, canavarın vahşiliği ve korkutuculuğu karşısında direnler ile meşaleler etkisini yitirmişti.

"Ne yalan söyleyeyim ben bile korktum ki aslında *hiçbir şeyden* korkmam," diye fısıldadı Arabella, Dikiş Kafa ile birlikte olanları izlerken. "Büyükannemi yemeyeceğinden emin misin?"

"Herhangi bir sorun çıkmayacak," dedi Dikiş Kafa. "Yaratık'a bir doz *Anti-İnsan-Yiyici Karışımı* verdim. Aklından birini yeme düşüncesi geçtiği an kötü bir karın ağrısı yaşayacak."

Yaratık, kasaba halkından birini kavrayıp koklarken onu izlediler.

Ve sonra
ÇILDIRDI.

hIIRRRRRR

"IYYY!" diye bağırdı Yaratık, tiksiniyormuş gibi. O hızla insanı omzunun üzerinden bir kenara fırlattı. Avını yiyemiyor oluşu onu daha da vahşi bir varlığa dönüştürmüş gibiydi. Dakikalar içinde korkuyla Grubbers Nubbin'e kaçışmaya başlayan kalabalığı yararak ilerlemişti. Çılgın Yaratık halkın arkasından kıyametleri koparırcasına kükrüyor, bağırıyordu.

HIIRRRRRR

"Ha! İşte bu iyiydi, Dikiş Kafa!" diye kıkırdadı Arabella. "Tüm bu iksir ve toniklerin ne işe yaradığını nereden biliyorsun?"

"Benim – benim iyi bir öğretmenim vardı." Dikiş Kafa gülümsedi. Ancak çok geçmeden gözlerinde korku dolu bir ifade belirdi. "Efendim! Ucubebulucu onun peşinden gitti!"

"Pekâlâ, ne bekliyoruz o halde? Yolu göster – tam da kavga havasındayım," dedi Arabella. "Bu çizmeleri giymekle akıllılık etmişim."

"Sanırım bir çift çizmeden daha fazlasına ihtiyacımız olacak," diye mırıldandı Dikiş Kafa, çılgın fikirler zihnini meşgul ediyordu. "Başka bir plan yapmalıyız."

ON ALTINCI BÖLÜM

PROFESÖRÜ KURTARMAK
(yaratıcınla tanışmak)

ÇILGIN FİKİRLER NO. 14

"Bir profesör ancak bir sonraki yaratısı kadar çılgındır."
Profesör Erasmus Erasmus'un Bilimsel Yazıları'ndan

Dikiş Kafa ve Arabella, ayın varlığıyla çıldıran Yaratık'ı pek de öfkeli olmayan kalabalıkla baş başa bırakıp profesörü bulmak üzere hızla koştular. Ancak bilmedikleri bir şey vardı; Ucubebulucu profesörün laboratuvarını çoktan bulmuştu. Erasmus dışarıdaki yaygaradan habersiz bir şekilde son eserini uyandırmaya uğraşıyordu.

"*Yaşa*, lanet olsun yaşa!" diye bağırdı, canavarın beslenme tüpüne köpürmekte olan başka bir sıvı dökerken.

"Babamın laboratuvar önlüğü aşkına, neden yaşamıyorsun?"

"Erasmus! Size Erasmus diyebilir miyim? Yoksa Profesör'ü mü tercih edersiniz? Prof ya da Profster?" diye bağırdı Ucubebulucu bir anda laboratuvara girdiğinde. "Hay bin kunduz, her yerde seni arıyordum."

"Bu izinsiz girişin sebebini öğrenebilir miyim?" diye söylendi Profesör. "Hemen buradan çıkın! Ziyaretçi yasak!"

"Doğrusunu söylemek gerekirse buraya gelirken karşıma birkaç canavar çıkacağını ummuştum," dedi Ucubebulucu, ameliyat masasında yatan etkileyici, lakin cansız varlığa bakarak. "Ama kükreme seslerine bakılırsa benim öfkeli kalabalığımı geri püskürtmekle fazlasıyla meşguller…"

"Ne geveliyorsun ağzında?" diye sordu Profesör alaylı bir dille. "Deneyimin en *kritik* noktasındayım! Ziyaretçi yasak!"

"Ziyaretçi mi? Tanrı korusun!" dedi Ucubebulucu kahkahalarla, laboratuvara giden taş merdivenlerden inerken. "Ben ziyaretçi falan değilim… senin yeni işvereninim. Bana canavarlar, yaratıklar ve çılgın şeyler yapacaksın… beni zengin edeceksin."

"*Sessizlik*! Rahatsız edilmek istemiyorum! Neredeyse bir varlığa can vermek üzereyim! Tabii unuttuğum şeyi anlayabilirsem… Neydi sahiden?" diye bağırdı Profesör.

"Endişelenmeyin sayın huysuz, canavar yaratmak için fazlasıyla zamanınız olacak, tabii benim şartlarıma uyarsanız," dedi Ucubebulucu sırıtarak ve çuvalı profesörün üzerine geçirdi. "Dur! Deneyime devam etmeliyim!" diye haykırdı Erasmus,

Ucubebulucu üzerine geçirdiği çuvalı çekip onu bir köşeye atarken. "Çöz beni!"

"Kapa çeneni seni yaşlı kertenkele!" diye çıkıştı Ucubebulucu ve profesörü taş zeminde sürüklemeye başladı.

"Ucubebulucu!" Tiz bir ses duyuldu. "Bırak onu!"

Ucubebulucu kafasını kaldırdı –yukarı ve daha yukarı baktı. Dikiş Kafa'ydı bu. Orada, kirişlerin arasındaydı. Elinde minik kırmızı bir şişe tutuyordu.

"Dikilmiş yüzünü ne zaman göstereceğini merak ediyordum ben de!" diye bağırdı Ucubebulucu. "Ancak geç kaldın –profesör benimle geliyor ve bu konuda yapabileceğin hiçbir şey yok!"

Dikiş Kafa iksir çantasını çıkarıp ahşap kirişlerden birinin üzerine bıraktı.

"Sen öyle san," dedi Arabella, bir parça ipi Dikiş Kafa'nın bileğine bağlarken. "*Atla ve Sallan*'la henüz tanışmadın o halde…"

Dikiş Kafa zalim bir tavırla başını salladı. "Tek

planım bu... Dua edelim de *Salla ve Uyan* yine işe yarasın, senin üzerinde olduğu gibi," diye karşılık verdi Dikiş Kafa, Yaratık'ın günler öncesinde çizdiği X'in üzerine salınırken. Derin bir nefes aldı ve bağırdı. "Ucubebulucu! Bu – bu son şansın! Profesörü bırak!"

"Git dikiş patlat seni küçük mızmız!" diyen Ucubebulucu kahkaha attı. "Her şey bitti! Kaybettin! Unut gitsin!"

"Asla unutmam," diye fısıldadı Dikiş Kafa. Kırmızı şişeyi sıkıca tuttu ve kendini aşağı bıraktı.

"AAAYYYYYY!" diye çığlık attı Dikiş Kafa düşerken. Zeminin hızla kendisine yaklaştığını fark ederek gözlerini kapadı. İnsan kıza güvenmekle hata yapıp yapmadığını merak ederken ip yukarı çekildi. Mavi renkteki gözünü açtığında aynı gün içerisinde kendini ikinci kez profesörün yeni yaratısı üzerinde sallanırken buldu. Elindeki şişeye baktı.

"Uyanma zamanı," demesinin ardından *Salla ve Uyan* iksirini canavarın beslenme tübüne boşalttı. Uzun bir süre sessizlik oldu. Sonra…

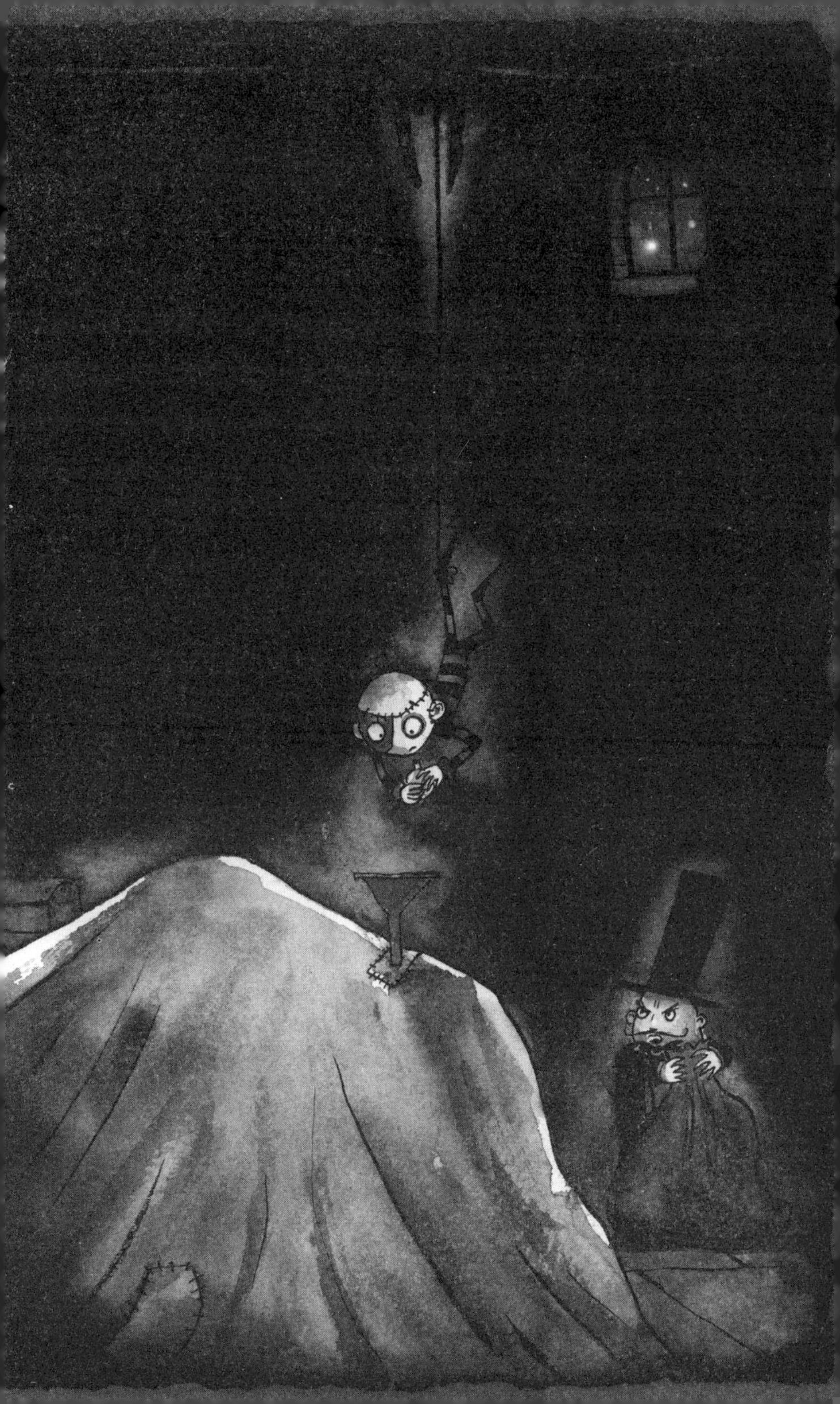

"BÖÖÖÖÖ!"

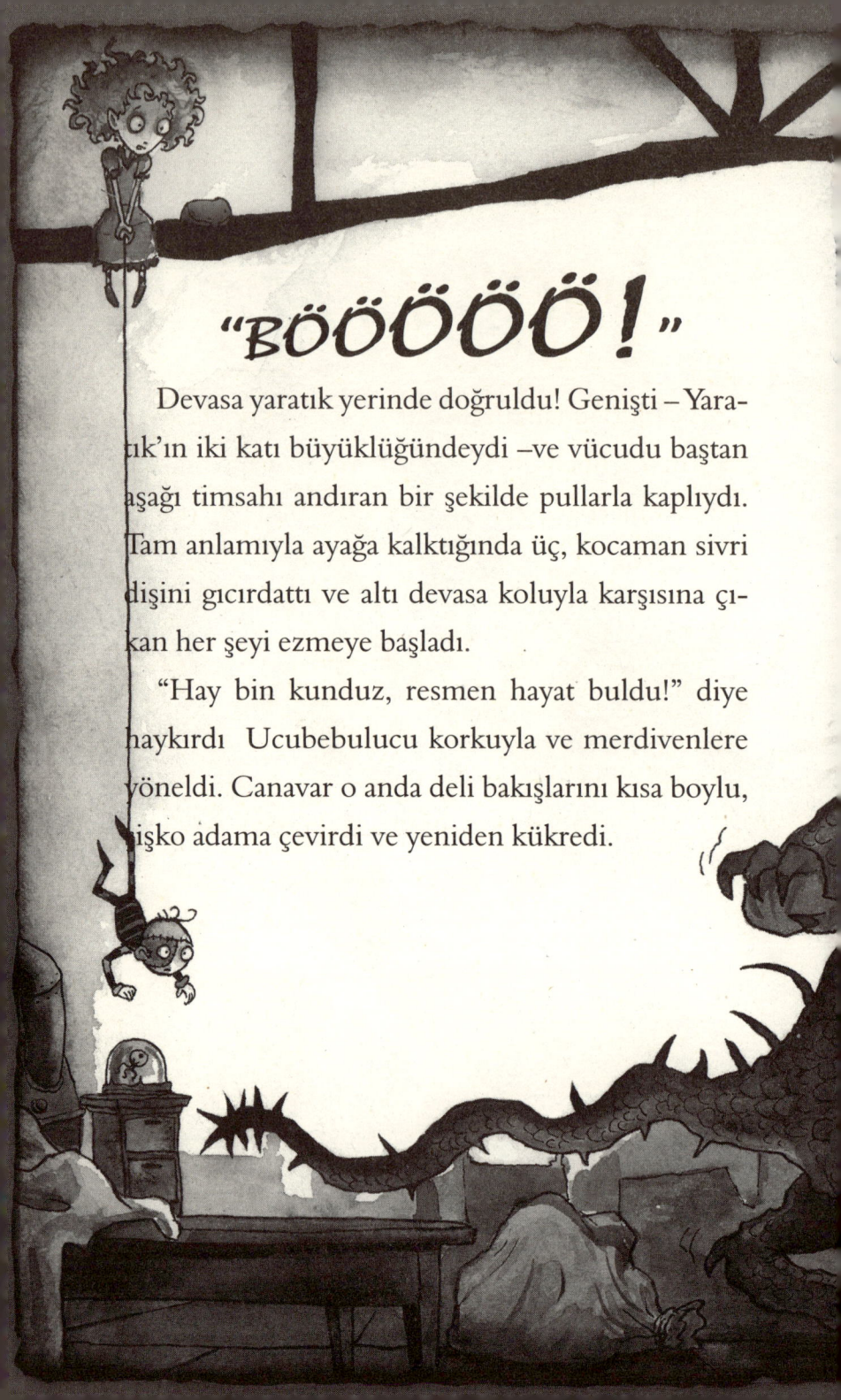

Devasa yaratık yerinde doğruldu! Genişti – Yaratık'ın iki katı büyüklüğündeydi – ve vücudu baştan aşağı timsahı andıran bir şekilde pullarla kaplıydı. Tam anlamıyla ayağa kalktığında üç, kocaman sivri dişini gıcırdattı ve altı devasa koluyla karşısına çıkan her şeyi ezmeye başladı.

"Hay bin kunduz, resmen hayat buldu!" diye haykırdı Ucubebulucu korkuyla ve merdivenlere yöneldi. Canavar o anda deli bakışlarını kısa boylu, şişko adama çevirdi ve yeniden kükredi.

"YOK-ET!"

"Aaah! Benden uzak dur – seni ucube!" diye bağırdı Ucubebulucu. Çuvalı bir kenara bırakıp merdivenleri geçerek dışarı sıvıştı. Büyük canavar peşindeydi.

"Efendim! Profesör!" diye bağırdı Dikiş Kafa. Uzanıp bileğindeki ipten kurtulmayı başardı, bu hareketle birlikte kendisini yerde buldu. Ayağa kalktı ve kurtarılmayı bekleyen profesöre hızla koşup onu kurtardı.

"Ah başım! Babamın kokulu çorapları aşkına neler oluyor? *Ziyaretçi yasak* demiştim..." diye homurdanan profesör kafasını ovuştururken ayağa kalkmaya çalışıyordu. Dikiş Kafa kafasını kaldırıp Arabella'ya baktı. Kız parmağıyla kendisine işaret ederek, "İyi işti!" diye bağırdı.

Dikiş Kafa elinin tersiyle gözlerini ovuşturup kendini toplamaya çalışan profesörü izledi. Başarmıştı. Efendisini kurtarmıştı, şatoyu da..... Önemli olan da buydu.

"AH-ha HA! Biliyordum! Ona can verebileceğimi biliyordum!" diye haykırdı profesör sevinçle, berbat haldeki laboratuvarını göz ucuyla süzerken.

"Bende hâlâ iş var Baba! Yeteneğimi kaybetmiş değilim! Ha Ha!"

Dikiş Kafa gülümsemesinin ardından bir kez daha karanlığa çekilmek üzere geri adım attı, ancak bu sırada yerdeki boş, küçük, kırmızı şişeye çarptı. Şişe ses çıkararak zeminde yuvarlandı. Dikiş Kafa yaşadığı şokla olduğu yerde kalakaldı.

Profesör aşağı baktı –ve şimdi doğruca ona bakıyordu. Dikiş Kafa bir an için nefesini tuttu ancak profesör şişenin bulunduğu noktaya eğildi ve onu eline aldı.

"*Salla ve Uyan*," dedi şişenin üzerindeki yazıyı okuyarak. "Hımm… Bunu karışımıma eklediğimi hatırlamıyorum. *Zekice*! Düşündüğümden de iyi olmalıyım! Ya da çıldırıyorum, farkında değilim!"

Dikiş Kafa iç geçirdi. Her şey değişmişti ancak görünen o ki bazı şeyler asla değişmeyecekti. Sırtını döndü ve kapıya yöneldi.

"Dikiş Kafa?" diye fısıldadı bir ses.

Dikiş Kafa bir kez daha donakaldı. Yanlış duymuyordu… Bu, profesörün sesiydi! Gaipten sesler mi duyuyordu? Yavaşça arkasına döndü. Profesör Erasmus unutulmaya yüz tutmuş bir anıyı hatırlamaya çalışırcasına ilk eserine dikkatle bakıyordu.

"Dikiş Kafa," dedi yeniden. "Sana Dikiş Kafa ismini vermiştim."

Hatırladı… Hatırladı!

Dikiş Kafa bir kez daha hayat bulmuş gibiydi. O ana dek hissettiği üzüntü birdenbire Grotteskew'un karanlık köşesine çekilmişti sanki. Minik omuzlarından büyük bir yük kalkmıştı. Şimdi kendini tüy gibi hafif hissediyordu, her an havalanıp kirişlere doğru uçacakmış gibi.

"Evet, efendim," diye fısıldadı. "Bana Dikiş Kafa adını vermiştiniz."

Sonra, kısacık bir andan sonra, Profesör "Tabii ya! Sıradaki deneye geçebilirim!" diye haykırdı ve yarı açık bir çekmeceyi karıştırmaya başladı. "Evet, *evet*! İşte BU benim *en harika* eserim olacak!"

Dikiş Kafa bir kez daha elinde olmadan gülümsedi. O an için önemli olan tek şey, profesörün onu hatırlamasıydı.

SONSÖZ

UNUTULMAZ
(Dikiş Kafa yaşamayı seçiyor)

HAFİF ÇILGIN FİKİRLER NO.1

"İlk eserini asla unutmazsın."

10 yaşındaki Erasmus Erasmus'un Günlüğü'nden

Dikiş Kafa ve Arabella gece boyunca canavarlar, yaratıklar ve çılgın şeyler hakkında konuştular! Dikiş Kafa, Arabella'nın tuhaf bir şekilde korkutucu olduğunu düşünmesine rağmen, onu seviyordu. Kız, profesörün son eserine yatıştırıcı tonik vermesinde ona yardım etmişti... tabii canavarın Fulbert Ucubebulucu'yu şatodan dışarı kovaladığından iyice emin olduktan sonra. Kendisini böyle bir karmaşanın tam ortasında bulan yaratık, çok geçmeden diğer yaratıklarla arkadaş oldu ve kendisine "Fulbert" adı verildi.

Dahası Arabella, Yaratık yeniden evine dönünceye dek– dönüşü günün ilk ışıklarını bulmuştu — Grubbers Nubbin'e dönmeyi reddetmişti.

"Bu gerçekten eğlenceliydi!" diye haykırdı Yaratık coşkuyla, ikilinin yanı başına oturduğunda. "Bir an için, 'Ah HAYIR! KASABA HALKI' diye söyleniyordum. Ancak çok geçmeden kendimi 'Vay Canına! Ben CANAVARIM!' der halde buldum. Ne geceydi ama... Ayrıca, HİÇ ama HİÇ kimseyi YEMEDİM!"

"Bunu duyduğuma sevindim!" diye kıkırdadı Arabella.

Güneş ışığının Grotteskew Şatosu'nun çatlak duvarlarından içeri süzüldüğü sırada Dikiş Kafa, Arabella ve Yaratık, profesörün laboratuvarında bulunan kirişlere tırmandılar ve bir diğer varlık üzerinde çalışan Erasmus'u izlediler.

"Artık Grubbers Nubbin'e dönsem iyi olacak," dedi Arabella. "Büyükannem nerede olduğumu merak ediyordur – orduya katılmaya çalıştığımdan bu yana evden bu kadar uzak kalmamıştım."

"Dilediğin an bizi ziyarete gelebilirsin!" dedi Yaratık. "İyi bir TAKIMIZ öyle değil mi? Sonsuza dek EN EN İYİ ARKADAŞLAR!"

"Arkadaşlar…" diye tekrarladı Dikiş Kafa. Aşağıda çalışan profesöre baktığında geçen yılları hatırladı. *Belki de* diye düşündü, bir hayalet olarak bu şatoda yeteri kadar vakit geçirmişti. Belki de gerçek hayata adım atmasının zamanı gelmişti. Yani kendince bir hayata.

"Hımm, iyi fikir aslında," dedi.

"Burada oturup birbirimize sarılacağımıza dışarıya çıkıp Şişkobulucu'nun yüzünü patlatmalıyız! Siz, çocuklar tam anlamıyla kaçıksınız! Ve ben çılgın şeylere bayılırım. Ne kadar çılgın o kadar iyi."

"HARİKA!" diye bağırdı Yaratık. "Peki şimdi ne yapacağız? Buldum, hadi kovboyculuk oynayalım! Yok, yok – saklambaç oynayalım! – Hadi bir İSİM bulalım! Ne düşünüyorsun? Bob? Brian? Benjamin? Benedict? Balthaar? Bill? Boris? Bertie? Badger?"

Yaratık daha fazla isim bulmak için kafasına vururken Dikiş Kafa ve Arabella kıkırdıyorlardı.

İşte hayat bu, diye düşündü Dikiş Kafa. Kendisini neyin beklediğini bilmiyordu ama bir şeyden emindi...

Unutulmaz olacaktı.

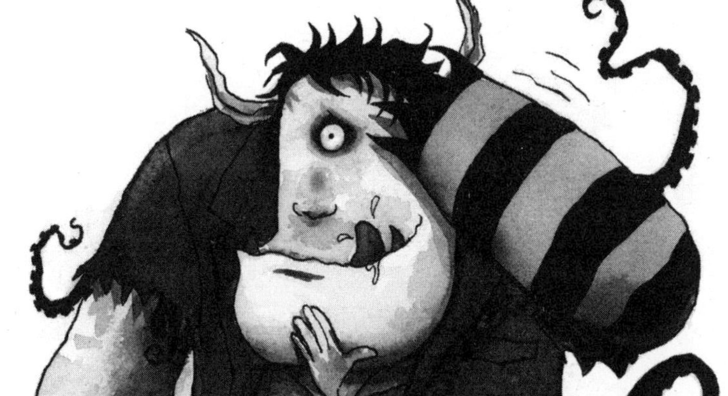

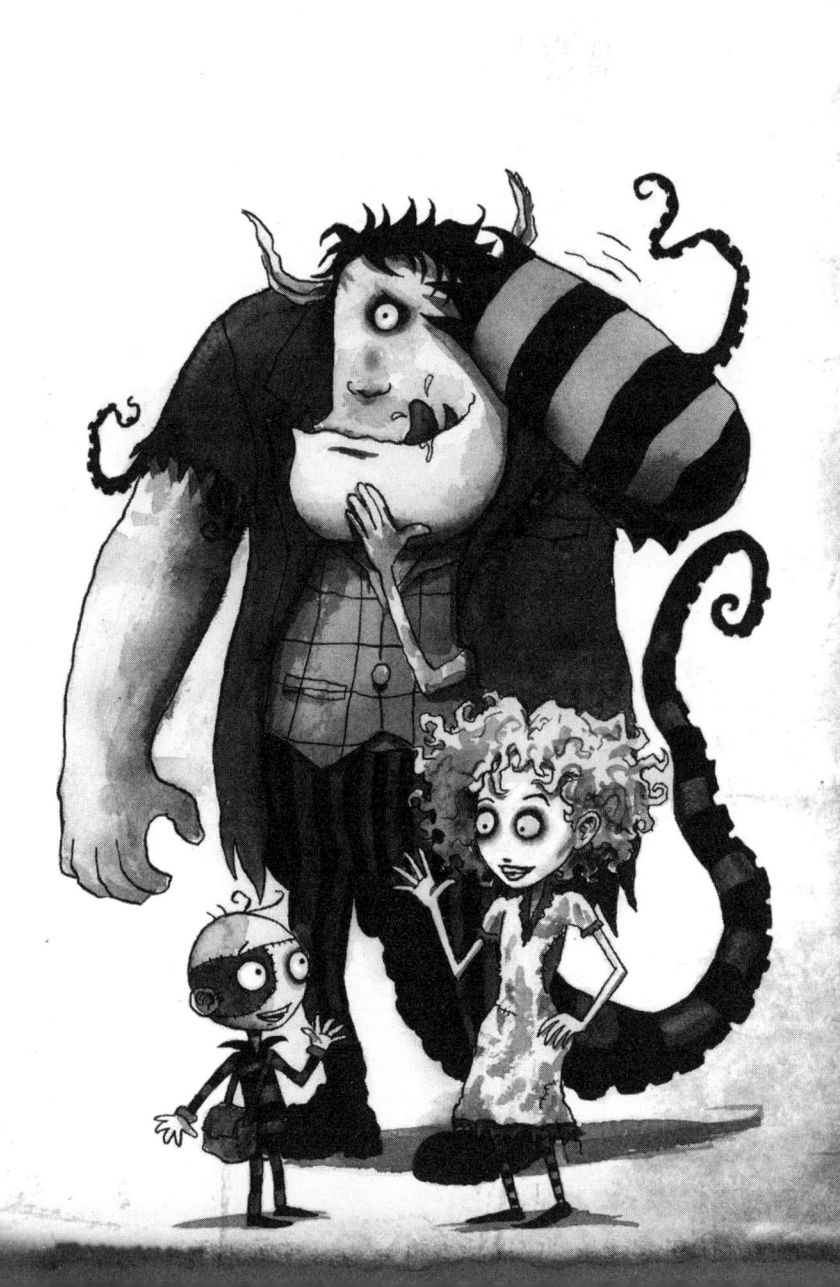